당신이 꽃입니다.
지금 그대로
평안하시길.

님께
_____

드림
_____

새집 줄게, 헌집 다오

2017년 4월 28일 초판 4쇄 발행

지은이 · 지오

펴낸이 · 김상현, 최세현
편집인 · 정법안
책임편집 · 손현미, 김유경

마케팅 · 권금숙, 김명래, 양봉호, 임지윤, 최의범, 조히라
경영지원 · 김현우, 강신우 | 해외기획 · 우정민
펴낸곳 · (주)쌤앤파커스 | 출판신고 · 2006년 9월 25일 제406-2012-000063호
주소 · 경기도 파주시 회동길 174 파주출판도시
전화 · 031-960-4800 | 팩스 · 031-960-4806 | 이메일 · info@smpk.kr

ⓒ 지오(저작권자와 맺은 특약에 따라 검인을 생략합니다)
ISBN 978-89-6570-439-3 (03180)

쌤앤파커스(Sam&Parkers)는 독자 여러분의 책에 관한 아이디어와 원고 투고를 설레는 마음으로 기다리고
있습니다. 책으로 엮기를 원하는 아이디어가 있으신 분은 이메일 book@smpk.kr로 간단한 개요와 취지,
연락처 등을 보내주세요. 머뭇거리지 말고 문을 두드리세요. 길이 열립니다.

지오 스님과 함께하는 상쾌한 마음 치유

새집 줄게, 헌집 다오

지오 지음 ― 전미경 그림

쌤앤파커스

아픈 마음을
보듬어드립니다

2008년 이른 봄날, 행자 생활을 같이했던 도반과 모처럼 만나 밤새 이야기를 나누었습니다. "나는 상담을 하라면 잘할 것 같은데, 어디 가면 상담을 배울 수 있을까?"라는 저의 물음에 그 도반이 말했습니다. "불교계에서는 인경 스님께서 상담을 가르치시는데, 그 분야에서 가장 실력 있으시다고 들었어."

그렇게 36개월간 설레는 마음으로 새벽 기차에 올라 인경 스님이 계신 서울로 워크숍을 다니며 상담을 배웠습니다. 그 후로 십 년이라는 세월이 흐르면서 제게 많은 변화가 있었습니다. 명상심리상담

센터를 열어 개인 상담과 청소년 상담캠프를 진행했고, 틈틈이 외부 강연을 다니거나 상담 전문가를 양성했습니다. 상담한 지 햇수로 십 년, 상담 횟수는 천 회가 넘었습니다.

그러던 어느 날, 광주불교방송의 박재현 피디님이 제게 라디오 방송을 제안했습니다. 그것이 인연이 되어 '그대가 꽃입니다'를 진행하며 제가 현장에서 경험한 생생한 상담 사례와 그 치유법을 들려주었습니다. 많은 사람이 방송을 통해 괴로운 마음에서 벗어났고, 또 자신이 얼마나 가치 있는 존재인지 깨닫게 되었다고 전해왔습니다.

그러자 피디님이 이 이야기를 책으로 만들면 더 많은 사람과 소통할 수 있지 않겠냐고 제안하면서 책을 쓰게 되었습니다.

사실 상담이라는 것이 참으로 힘들고 지난한 일이기는 합니다.

하지만 대단히 보람되고 행복한 일이기도 합니다. 오랫동안 '왜곡된 생각의 늪'에서 고통을 느끼던 사람들이 그 늪에서 빠져나와 환한 세상을 경험한다는 것. 그것을 지켜보는 것은 참으로 가슴 뛰는 일입니다.

물론 그 힘은 전적으로 내담자들이 가지고 있는 힘입니다. 상담자는 내담자가 이미 가지고 있는 내면의 힘을 깨닫게 하고, 그 힘을 발휘할 수 있게 안내하는 역할만 할 뿐입니다.

상담이란 마치 낡고 칙칙한 집에서 밝고 산뜻한 새집으로 이사하는 것과 같습니다. 왜곡된 사고에서 벗어나 새로운 생각의 집을 짓는 일이지요. 햇살이 가득 들어오는 넓은 창은 희망으로 우리를 설레게 합니다. 미련 없이 헌집에서 훌쩍 나오세요. 제가 새집을 짓는 걸 도와드리겠습니다.

제가 만난 내담자들은 대부분 상담으로 오랜 고통에서 벗어날 수 있었습니다. 그리고 전혀 다른 삶을 살게 되었다고 합니다. 적극적으로 문제를 해결하겠다는 의지가 있는 분일수록 상당한 효과를 거두었습니다.

그러나 효과가 미미하거나 상담을 중도 하차한 분들도 더러 있습니다. 또 자신의 상처를 들춰내는 걸 두려워하거나, 상황을 바꿀 수 없다고 미리 단정 짓는 사람도 있습니다. 지난 일이니까 이대로 살겠다고 고집하면서 힘든 삶을 고수하는 사람들입니다.

저는 선뜻 용기를 내지 못하는 그들에게 가까운 이웃의 이야기를 전하고 싶었습니다. 어린 시절의 상처를 끌어안고 사는 사람, 관계 맺기가 어려운 사람, 자존감이 낮거나 열등감을 품고 사는 사람들의 이야기를 말입니다. 그들은 상담을 통해 지금 이렇게나 잘 살고 있다고 말해주고 싶었습니다.

사람들은 몸이 아프면 곧장 병원에 가면서 마음이 아플 땐 왜 그 냥 내버려둘까요? 상담은 지혜롭고 현명한 선택입니다. 세상을 살아 가면서 일어나는 모든 일은 그것이 어떤 일이든지 누구에게나 일어 날 수 있는 일입니다. 일어날 만한 까닭이 있어서 일어난 것이고, 우 리가 극복할 만한 일입니다.

이 책이 어렵고 힘든 삶 속에서 헤매는 이들에게 작은 용기가 될 수 있으면 좋겠습니다. 책이 나오기까지 자신의 상담 사례를 다룰 수 있게 허락해주신 내담자들에게 진정으로 고개 숙여 감사드립니 다. 그분들의 용기와 허락이 없었으면 나올 수 없는 책이었습니다. 또 상담 공부를 할 수 있게 물심양면으로 도와준 성원 스님에게 한 량없는 고마움을 보냅니다.

특히 상담가의 길로 저를 안내해주신 인경 스님과 한국명상심리 상담학회, 명상상담평생교육원 동료들에게도 깊이 감사드립니다.

매화 향기 가득한 봄날에

무위당에서 지오

●
차
례

책을
열며 / 아픈 마음을 보듬어드립니다 _ 4

_____ 행복해 보이려 하지 말고 행복하세요 _ 12

PART 1 행복은 들꽃처럼

내 안에 두 개의 내가 있어요 _ 20 / 나는 깨끗하지 않아요 _ 26 /
참 착한 사람인데요? _ 29 / 끓어오르는 분노를 감당할 수 없어요 _ 33 /
버럭 화가 올라올 때 _ 37 / 실수를 반복하는 내가 미울 때 _ 40 /
행복을 저축하는 시간 _ 44 / 당신의 일을 사랑하나요? _ 49 /
욕망의 끝 _ 52 / 변화가 두려운 당신에게 _ 55 / 그대가 꽃입니다 _ 58 /
당신도 나도 이만하면 괜찮아요 _ 62 / **생각이 너무 많아 괴로울 때 _ 64 /**
마음 알아차리기 _ 68

PART 2   나는 언제나 네 편

엄마가 너무 창피했어요 _ 74 / 아버지가 이혼할까 봐 두려웠어요 _ 78 /
우연인가요, 필연인가요 _ 84 / 궁합이 안 맞아요 _ 88 /
내 편이 필요해요 _ 94 / **내면의 아이와 대화하기Ⅰ** _ 97 /
내면의 아이와 대화하기Ⅱ _ 103 / 우월감과 열등감 _ 107 /
철이 드는 스님 _ 110 / 손뼉에 담긴 세상 _ 116 /
분별하는 마음이 올라올 때 _ 119 / 기린의 대화 _ 124 /
낮출수록 높아지는 마음 _ 128 / 나는 나, 너는 너 _ 131 /
무장해제 대화법 _ 135 / **관계가 풀리는 대화법** _ 140

PART 3   마음에 길을 묻다

힘이 없으면 무시당할 거야 _ 150 / 관계가 깊어지는 게 두려워요 _ 153 /
나도 남만큼 중요해요 _ 158 / **생각의 덫에서 벗어나고 싶을 때** _ 162 /
고민을 떨쳐버리고 싶을 때 _ 166 / 내 안에 있는 두 마리 개 _ 170 /
다름은 축복입니다 _ 172 / '때문에'와 '덕분에' _ 176 /
최후에 우리와 동행하는 것 _ 178 / 마음은 내 것이 아니다 _ 182 /
감정의 폭류 _ 185 / 마음의 길 _ 188 / **스트레스가 나를 힘들게 할 때** _ 192 /
상대가 마음에 안 들 때 _ 196

PART 4   태어나길 참 잘했다

나는 버려진 아이예요 _ 202 / 괜찮아, 공황장애 _ 209 /
아버지의 격려가 필요했어요 _ 215 /
세상을 더 넓게 보고 싶을 때 _ 219 / 건강한 하루를 시작하고 싶을 때 _ 223 /
내 몸과 헤어지기 _ 228 / 나는 어떤 사람일까 _ 232 /
구름 속에서 장미를 발견하세요 _ 235 / 이럴 줄 알았더라면 _ 240 /
세 가지 거지 _ 243 / 거룩한 고통 _ 248 / 오늘이라는 선물 _ 251 /
사람의 가치는 무엇으로 정해지는가 _ 254 / 당신의 향기 _ 257 /
나를 격려해주고 싶을 때 _ 260 / 미운 사람도 끌어안아야 할 때 _ 263

          내 어릴 적 아버지는 _ 268

행복해 보이려 하지 말고 행복하세요

일전에 어느 신문에서 본 내용입니다.

서울에서 잘나가는 어느 의사의 휴대전화에

어머니가 '미친년'으로 입력되어 있더랍니다.

내용이 충격적이기는 했지만,

저는 그의 고통이 여실히 느껴져 안타까웠습니다.

명문대를 졸업하고 의사가 되기까지,

어머니의 압박이 얼마나 심했으면 아들이 그랬을까요.

그리고 아들은 지금도 얼마나 괴로울까요.

남에게 뒤처지면 안 된다는

강박을 느끼며 살아야 했던 어머니.

숨 막히게 몰아붙이는 어머니 때문에

고통스러워도 질주해야 했던 아들.

어머니는 왜 그렇게까지 자식을 닦달했을까요.

자식을 사랑하기 때문에,

그래서 성공하기를 간절히 바라셨겠지요.

아들은 결국 어머니 뜻대로 사회적 성공을 이루었습니다.

과연 그는 행복할까요?

성공과 행복은 절대적으로 비례하지 않습니다.

그런데도 우리는 왜 항상 1등을 지향하고

행복보다 성공에 초점을 맞출까요.

혹시 남들에게 '행복해 보이려고 하는 것' 때문 아닐까요?

그 어머니는 아들이 의사라는 것을

자랑하고 싶으셨을 거예요.

그렇다면 그것은 결국

어머니 자신을 위한 것이 아니었을까요?

저도 비슷한 경험이 있습니다.

지인과 함께 차를 마시며

도란도란 대화를 나누던 중 제가 물었습니다.

"그 사람이 저에 대해 뭐라고 말하던가요?"

그 말을 하고 나서 저는 속으로 깜짝 놀랐습니다.

'내가 왜 이렇게 유치한 질문을 했지?

왜 남들의 평가가 궁금한 거지?

남의 평가에 연연한다는 것은 남의 인생을 사는 것이거늘.'

많은 사람이 남의 평가를 의식하며 삽니다.

남들이 나를 어떻게 볼지, 어떻게 평가할지….

우리가 성공하려 애쓰는 것도

남들에게 잘나 보이고 싶기 때문이 아닐까요?

사실 저도 모든 사람을 좋아하지는 않습니다.

어제는 저를 칭찬하고 좋아했던 사람이

어느 날 갑자기 토라져서 저를 험담하기도 합니다.

제가 그토록 좋아했던 사람이

어느 날 갑자기 싫어지기도 합니다.

이것이 자연의 이치인데,

누구의 기준에 맞추려고 전전긍긍하는 것일까요.

내가 아무리 잘한다고 해도

나를 싫어하는 사람이 있게 마련이고,

또 나를 미워하는 것은 그 사람의 기준이니

내가 어쩔 수 없는 일입니다.

엄밀히 말하면 그것은 그 사람의 일.

여기까지 생각이 미치자,

저를 묶고 있던 남들의 평가라는 사슬이 툭!

끊어지는 소리가 들렸습니다.

그러자 뜻밖에 '자유로움'이라는

커다란 선물이 제게 찾아왔습니다.

저는 자유롭게 춤출 수 있게 되었습니다.

자신에게 진실한 삶,

거짓되게 꾸미지 않는 삶,

남들이 좀 미워하더라도

눈치 보지 않고 기죽지 않는 삶을 살아보세요.

비로소 남들의 평가로부터 자유로워질 수 있습니다.

부디 행복해 보이려 하지 말고 진정으로 행복하세요.

존경받으려는 욕망으로부터

사랑받으려는 욕망으로부터

칭찬받으려는 욕망으로부터

명예로워지려는 욕망으로부터

찬양받으려는 욕망으로부터

선택받으려는 욕망으로부터

조언받으려는 욕망으로부터

인정받으려는 욕망으로부터

인기를 끌려는 욕망으로부터

(…)

나를 해방시키옵소서.

—마더 테레사, 〈나를 해방시키옵소서〉 중에서

PART 1

행복은 들꽃처럼

행복은 '좋은 느낌' 입니다.
좋은 느낌이란 밖에서 찾을 수 있는 것이 아니라
내가 발견하고 만들어내는 것입니다.
행복은 내 안에 있는 무한한 자원입니다.

내 안에
두 개의 내가 있어요

바다 님은 어린 시절 어머니가 일찍 돌아가셨습니다.

아버지는 바다 님이 다섯 살 되던 해에 아들만 있는 집에 그녀를 수양딸로 보내버렸습니다.

그 집에서 바다 님은 한겨울 차가운 개울물에 손빨래하고, 끼니 때마다 식구들의 밥을 지으며 힘들게 살았습니다. 그녀가 입학할 나이가 되었는데도 양부모는 학교에 보내주지 않았습니다. 그 집 오빠들이 공부할 때 어깨너머로 글을 익히다가 학교에 보내달라고 사정사정했지요. 바다 님은 열두 살이 되어서야 초등학교에 입학했고, 중학교는 야간으로 겨우 마칠 수 있었습니다.

성인이 된 바다 님은 사랑하는 남자를 만나 결혼했어요. 그러자 양부모가 독립한 딸에게 온갖 요구를 하기 시작했습니다. 바다 님은 넉넉하지 않은 형편인데도 그들의 요구를 거부하지 못하는 자신이 밉고 속상하다고 합니다. 한편으로는 키워준 분들이니까 잘해드려야 한다는 나와, 한편으로는 잘해드리고 싶지 않은 내가 항상 갈등한다고 해요.

저는 바다 님에게 '상전과 하인의 대화'를 나누어보게 했습니다.

그것은 방석 두 개를 마주 보게 놓고 혼자서 왔다 갔다 하면서 각자의 처지에서 말해보는 대화법입니다. 여기서 상전은 '부모를 거부할 수 없는 나'이고, 하인은 '부모를 거부하고 싶은 나'입니다.

하인이 먼저 말합니다.

"당신들이 나한테 뭘 해줬는데? 당신들은 말로만 엄마, 아빠였지. 나는 사실 식모나 마찬가지였어. 어린 내가 감기에 걸려서 열이 펄펄 나는데도 꾀병 부린다고 야단쳤잖아. 당신들은 약 한번 사다 준 적이 없었어. 그게 부모가 할 짓이야? 진짜 부모라면 그렇게는 못 할 거야."

그녀가 눈물을 흘리며 거칠게 말했습니다. 이번에는 상전이 말합니다.

"그래도 그분들이 너를 거둬주지 않았다면 넌 보육원에서 자랐을 거야. 친아버지는 너를 키울 능력이 없었잖아. 보육원에서 자라는 것보다 그분들 밑에서 자라는 게 낫지 않았을까? 따뜻한 방과 가정이라는 울타리가 있었잖아."

그녀가 한풀 꺾이는 듯하자 하인이 말합니다.

"알아. 그래서 나도 할 만큼 했어. 그런데 이제 나도 결혼해서 남편도 있고 시부모님도 있는데, '뭐 해달라, 뭐 해서 보내라' 하면서 요구하는 게 너무 많잖아. 얼마 전에도 오빠들한테 돈 보내라고 해서 겨우 마련해 보내줬잖아. 나도 정말 힘들다고!"

그녀가 다시 격앙되었습니다. 상전이 말합니다.

"그래도 은혜를 모르면 안 되지. 너 먹여주고 재워주면서 들어간 돈이 얼만데. 빚은 갚아야지."

"그렇지만 나도 아이가 셋이나 있고, 시부모님한테도 돈이 많이 들어간단 말이야. 나 너무 힘들어…."

"그렇구나. 많이 힘들었구나. 너무 힘들면 못 하겠다고, 돈이 없어서 힘들다고 말해. 할 수 없는 일을 억지로 하지는 마."

"그래, 이제 억지로 하지 않을 거야. 나 이제 당당하게 말할 거야. 나는 당신들에게 할 만큼 했어. 이제 능력이 되는 만큼만 할 거야."

그녀는 한결 평화로워 보였습니다.

사람은 누구나 양면성을 가지고 있습니다. 무언가를 하기 싫어하는 본능적 나와, 하기 싫어도 해야 한다고 생각하는 의무적 나입니다.

이 두 개의 자아가 서로 자기 말을 할 수 있도록 해보세요. 늘 갈등하는 두 개의 자아가 대화를 통해 통합될 수 있습니다. 즉, 한쪽에 치우치지 않고 내 안에서 적당한 타협점을 찾을 수 있습니다.

누구에게도 의지하지 않고 스스로 답을 찾는 것. 이로써 우리는 편안함에 이르게 됩니다.

좋은 날, 47×77.5cm, 자작나무껍질·코스모스씨앗·금박, 2008

나는
깨끗하지 않아요

안개 님은 가끔 심한 무기력증에 빠집니다. 청소도, 빨래도, 아이 돌보는 일도 하기 싫어 며칠씩 방에 웅크린 채 가만히 앉아 있다고 합니다. 걸레조차 들 힘이 없고 죽고 싶다는 생각만 하면서 말이지요.

원인을 찾아보니 그녀는 어린 시절 옆집 아저씨에게 성추행을 당했던 끔찍한 기억을 갖고 있었습니다. 과거에 느낀 수치심이 무의식적으로 올라오면 자기학대로 이어져 안개 님을 심한 우울증에 시달리게 하는 것이었어요.

우리는 그녀의 어린 시절로 가보기로 했습니다.

혼자 집에서 놀고 있는 어린아이에게 다가와 추근대는 아저씨. 그리고 어쩔 줄 몰라 무서워하는 아이가 있습니다. 그 아이는 겁에 질려 벌벌 떨고 있습니다.

저는 그 아이에게 다가가, 지금 누가 곁에 있으면 좋겠냐고 물었습니다. 아이는 울면서 엄마가 있으면 좋겠다고 말합니다. 그 아이에게 엄마가 어떻게 해주면 좋겠냐고 물었습니다. 아이는 엄마가 저 아저씨를 혼내주면 좋겠다고 말합니다.

저는 아이의 엄마가 되어 아저씨 대신 방석을 두들겨 팼습니다.

"이 나쁜 놈아. 어린아이에게 대체 무슨 짓이야. 이게 인간이 할 짓이야? 야, 저리 가. 저리 꺼져버려."

저는 방석을 발로 차고 막대기로 내리치며, 아이의 부모를 대신해 나쁜 아저씨를 혼내주었습니다. 그러고 나서 아이를 꼭 껴안고 말했습니다.

"아가야, 미안해. 엄마가 너를 지켜주지 못해서 정말 미안해. 이건 네 잘못이 아니야. 저 나쁜 아저씨 잘못이고, 널 지키지 못한 엄마 잘못이야. 미안해. 정말 미안해."

저는 아이에게 엄마가 또 어떻게 해주면 좋겠냐고 물었습니다. 아이는 엄마가 업어주면 좋겠다고 말합니다. 저는 그녀를 한참 동안 업어주었습니다.

상처받은 내면의 어린아이는 조금씩 안정을 찾아갔고, 그런 안개 님을 지켜보는 제 마음은 너무 아팠습니다. 그녀의 마음속에 사는 추행당한 아이는 자기 존재를 수치스럽게 생각하고 있었으니까요. 그것이 어른의 잘못인데도 마치 자기 잘못인 것처럼 긴 세월 수치심 을 느끼며 자학하고 살았을 테니까요.

세상의 남자들이여.

당신들의 성숙하지 못한 성적 충동으로 말미암아 성추행, 성폭행 당한 여성들의 삶이 얼마나 황폐해지는지 당신들은 미처 알지 못합 니다. 당신들이 상상하는 그 어떤 것보다도 더 참혹하고 끔찍하답 니다.

제발 부탁하건대 그런 짓만은, 제발 그런 짓만은 하지 말아주십 시오.

참 착한 사람인데요?

청년은 상담이 꼭 필요해 보였습니다. 키 180센티미터, 몸무게 100킬로그램이 넘는 건장한 청년이었지만, 심리도식 검사 결과 '복종 도식'이 90퍼센트 넘게 나왔거든요. 저는 그의 보호자 되는 사람에게 넌지시 말했습니다.

"저 청년, 상담 좀 받았으면 좋겠네요."

그분이 깜짝 놀라면서 말합니다.

"너무 착한 아이인데요?"

아! 너무 착한 것이 문제였습니다.

복종 도식이란 자기 욕구와 감정을 억압하면서 항상 타인의 욕구와 감정에 맞추는 심리도식입니다.

어렸을 때 보호자로부터 버림받지 않기 위해 복종해야 하는 환경에 놓이면 생기기 쉽습니다. 그런 환경에서 자란 아이는 성인이 되어서도 제 욕구를 말하지 못하거나, 욕구가 있다는 것조차 알아차리지 못하고 남의 눈치만 보게 됩니다.

내면의 욕구를 계속 무시하면, 그 욕구는 어떻게 될까요?

다른 방향으로 분출됩니다. 예를 들면, 수동 공격적 행동을 하거나 신체에 이상 증상이 나타나기도 합니다. 또 마약 중독이나 도박 중독, 성 중독으로 나타날 확률이 높습니다. 특정 물질에 중독되는 증상은 어린 시절 부모님의 보살핌에 대한 욕구 불만이 원인인 경우가 많습니다.

그 청년은 어렸을 때 부모가 이혼해서 어머니와 아버지의 집을 전전하며 자랐다고 합니다. 그는 어머니 집에서 살 때 어머니의 말을 잘 들어야 했을 것이고, 어머니의 말을 잘 듣지 않으면 쫓겨날까 봐 불안했을 것입니다. 그러다 아버지와 살 때는 아버지의 눈치를 봤겠지요.

청년은 주변 사람들로부터 말을 잘 듣는 사람, 착한 사람이라는 평을 듣고 있었습니다. 그러나 제가 보기에 그는 자기 의견을 밝히는 것을 꺼리고 남의 의견만을 따르며 살고 있었습니다. 이렇게 내면의 욕구를 억누르고 외면하는 것은 굉장히 위험합니다.

사춘기는 '정체성'을 찾아 방황하는 시기입니다. 어른들에게는 시시해 보이고, 불합리해 보이고, 못마땅해 보이는 것도 그 시기에는 고민하고, 따져보는 것이 정상입니다. 반항과 방황이 특징인 청소년 시기에 부모에게 절대복종한다면 오히려 바람직하지 않은 현상입니다.

당신의 사춘기 시절은 어땠나요? 지금 당신에게 자녀가 있다면, 말 잘 듣고 착한 아이이기만을 바라나요? 착한 것이 꼭 좋은 것은 아닙니다.

가끔은 저돌적으로 자기를 표현할 줄 알고, 가끔은 반항하기도 하고, 가끔은 문제도 일으키고, 가끔은 쌈박질도 하면서 자기 정체성을 찾아가야 합니다. 필요할 때는 자기 욕구를 당당히 말할 줄 아는 것. 이것이 건강한 정신을 가진 사람의 이상적인 모습입니다.

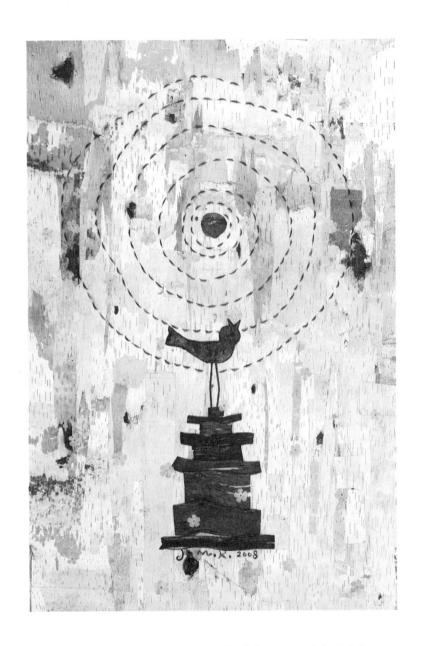

나의 노래, 60×40cm, 자작나무껍질 · 포도나무껍질 · 코스모스씨앗 · 불두화, 2008

끓어오르는 분노를
감당할 수 없어요

오십 대로 보이는 여성이 여동생의 부축을 받으며 상담실로 들어왔습니다. 여인은 비틀거리는 몸을 제대로 가누지 못했고, 숨도 제대로 쉬지 못했습니다. 여인에게 사연을 물으니 머리를 떨군 채 신음할 뿐이었습니다. 그러자 여동생이 언니를 대신해 기막힌 사연을 풀어놓았습니다.

여인은 원래 우울증을 앓고 있었습니다.

그때 남편이 외도를 하고 있었답니다. 우연히 이 사실을 알게 된 스물다섯 살 난 딸이 아버지에게, 어머니가 아시기 전에 얼른 관계를 정리하라고 간청했습니다. 그러자 아버지는 "네가 이 사실을 말하면 엄마는 아마 자살할 거다. 그러니까 네가 잘 알아서 해!"라며 오히려 큰소리치고 협박했습니다.

그러던 어느 날 거실에 세 식구가 모여 있을 때 화가 난 딸이 어머니에게 아버지의 외도를 말해버렸습니다. 그러자 아버지가 딸을 마구 때렸고, 딸은 제 방으로 들어가 그 즉시 창밖으로 몸을 던져 스스로 목숨을 버렸습니다.

남편의 배신도 기가 막히지만 귀하디귀한 딸아이가 죽어버렸으니 얼마나 기가 막히고 억장이 무너질까요. 딸의 장례를 치르고 돌아오는 길에 여인의 동생이 다급하게 상담실 문을 두드린 이유였습니다.

저는 여인 앞에 방석을 갖다 놓고 '빈 의자 기법'을 사용했습니다.

"자, 이 방석에 당신 남편이 앉아 있습니다. 우리 이 남자를 죽여버립시다!"

제가 선수를 쳤습니다. 스티로폼 막대기로 방석을 내리치며 소리쳤습니다.

"야, 이 나쁜 놈아. 네가 인간이냐? 어떻게 그런 짓을 할 수 있어! 네가 나쁜 짓 해놓고 왜 내 딸을 때려. 내 딸 살려내! 너 때문에 내 딸이 죽었어. 내 딸 살려내!"

저는 여인의 손에 막대기를 쥐여주었습니다.

"자, 이 분노를 풀어야 해요. 이걸 풀지 못하면 당신이 죽어요. 해 보세요. 어서요!"

숨도 잘 못 쉬고, 말도 못 하던 여인이 막대기를 들고 방석을 내리치기 시작했습니다.

"야! 이 나쁜 놈아. 네가 사람이냐? 내 딸 살려내. 내 딸 살려내. 네가 그러고도 학생을 가르치는 선생이야? 선생이 어떻게 그런 짓을 할 수 있어? 이 개새끼야. 내 딸 살려내!"

여인은 절규하기 시작했습니다. 온몸이 땀으로 흥건해졌고, 얼굴은 눈물로 범벅된 채 심하게 몸부림을 쳤습니다. 한참 동안 딸의 이름을 부르짖고 난 뒤였습니다. 여인이 천천히 고개를 들더니 크게 숨을 고르며 말했습니다.

"이제 좀 살 것 같아요."

세계적인 영적 스승으로 불리는 데이비드 호킨스 박사는 인간의 의식 수준을 1부터 1,000까지 수치화한 의식 지도를 만들었습니다. 그의 책 《의식혁명》을 보면, 인간의 에너지가 가장 낮은 의식은 수치심과 죄의식으로, 각각 20과 30으로 측정된다고 합니다. 이러한 감정을 느끼는 상태는 마치 죽음의 주위를 맴도는 것과 비슷하다고 해요.

이와 비교해 분노의 에너지는 수치심과 죄의식보다 다섯 배가 높은 150으로, 죽음의 주위를 맴도는 단계를 훨씬 벗어난다고 호킨스 박사는 말합니다. 즉, 분노를 표출한다는 것은 곧 살 수 있다는 희망을 뜻합니다.

분노는 가끔 분개나 복수로 표현되기 때문에 폭발적이고 위험합니다. 복수나 증오로 연결되는 분노는 한 인간의 삶을 피폐하게 만들기도 합니다. 그러나 분노는 부조리하거나 불평등한 사회 구조에 대변혁을 가져온 사회 운동으로 발전한 경우도 많습니다. 이 경우 우리는 '거룩한 분노'라고 부릅니다.

분노에 대해 이런 말이 있습니다.

참으면 병이 되고

터뜨리면 죄가 되고

알아차리면 사라지는 것.

분노는 파괴적일 수도 있지만, 건설적일 수도 있습니다. 우리가 분노를 잘 알아차리고 다스릴 때 에너지라는 좋은 자원으로 만들 수 있습니다.

버럭
화가 올라올 때

어제 그 사람이 했던 말이 자꾸 생각납니다.

은근히 나를 비난하는 듯한 말,

생각하면 또 화가 납니다.

사실 그 사람은 별생각 없이 내뱉은 말일 텐데

내가 비난으로 듣는 것인지도 모릅니다.

어린 시절 제 아버지는 술만 먹고 오면

항상 저를 꾸중하셨습니다.

그러다 보니 남들이 하는 말을

꼬아서 들을 때가 있습니다.

나를 비난한다고 생각되면 참지 못하고

버럭 화를 내기도 합니다.

수행자가 그렇게 화를 내면 되겠느냐고

스스로 꾸짖었더니 화가 더 납니다.

그래서 화가 안 난 척 애써 참아보려니

머리가 지끈지끈 아프고 얼굴이 굳어지면서

근육이 경직되고 열이 오릅니다.

저는 화와 대화를 나누었습니다.

"그래. 너 참 화났겠다. 화나는 것 당연해!

그 애 정말 나쁜 놈이다. 그렇지?"

화가 누그러질 때까지 화에 온전히 집중하고

충분히 공감해줍니다.

마음을 상대방에게 보내지 않고

화를 억압하지도 않고

화내는 나를 나무라지도 않고

화와 충분히 대화하니까

마음이 한결 부드러워집니다.

'공감'만큼 좋은 것이 없습니다.

화내는 사람을 가르치려 하지 말고

잠시 판단과 평가라는 잣대를 내려놓으세요.

온전히 그 사람 편에서 공감해주면 화가 풀립니다.

우리 안으로 불쑥 찾아온 화도 마찬가지입니다.

손님처럼, 내담자처럼 이야기를 들어주고

충분히 공감해주면 화가 사라집니다.

알아차렸는데도 사라지지 않는다면

화를 다독여주세요.

충분히 위로하다 보면 화가 어느새

야들야들해져 있을 것입니다.

실수를 반복하는
내가 미울 때

열심히 한다고 했는데

결과가 뜻대로 되지 않을 때,

관계 맺기에 서툴러

번번이 사람들과 틀어질 때,

자신을 못났다고 탓하는 사람들에게

말해주고 싶습니다.

"완벽하지 않은 당신을 위로하세요.

모든 것을 다 잘할 수는 없습니다.

누구나 한계가 있어요.

애쓰느라 고생 많았습니다."

이렇게 위로의 말을 건넸다면

이제 '미운 나 안아주기'를 할 차례입니다.

먼저 내가 꼴 보기 싫다고 내쳐버린 나를 떠올려봅니다.

화내고, 짜증 내고, 미숙해서 일을 망치곤 하는,

그래서 내가 무시했던 나를 떠올려봅니다.

힘들어하는 나를

자꾸 실수하는 나를

후회를 반복하는 나를

남을 시기하는 못난 나를

주눅 들고 눈치 보는 나를

경계에 걸려 넘어지는 나를

자신감이 떨어져 움츠러드는 나를

이기심 때문에 남들에게 미움받는 나를

조용히 바라봅니다.

'얼마나 힘들었니? 얼마나 아팠니?

미안하다, 미안하다' 하면서 안아주세요.

자신에게도 버림받아 서럽고 서러웠던
당신을 안아주세요.

모두에게 좋은 모습만 보이고 싶고
무엇이든 잘하는 모습만 보이고 싶고
칭찬과 사랑만 받고 싶어 하는 당신,
버림받아 서러웠던 또 다른 당신에게
용서를 구하세요.

서러움에 지친 나와 참회하는 내가
하나가 되는 시간입니다.

나를 사랑하는 사람이
다른 사람도 사랑할 수 있습니다.
화내는 나를 내치지 말고,
실수하는 나를 이해해주세요.
있는 그대로의 내 모습을

그저 바라보며 사랑해주세요.

완벽하지 않아도 살겠다고 애쓰는

가엾은 나를 위로해주세요.

세상은 본래 불완전합니다.

행복을
저축하는 시간

인도의 엘리트 남자와 결혼한 한국 여자가 인도에서 신혼살림을 차렸습니다. 그런데 음식 때문에 시댁 식구와 갈등이 이만저만이 아니었습니다. 시댁 식구들은 한국 며느리가 좋아하는 청국장 냄새를 너무 싫어했어요. 한국 여자는 인도 음식이 싫어서 식사 때만 되면 한국 친구네 집으로 밥 먹으러 가버리니 자연히 시부모님과 마찰이 생겼습니다.

하루는 지친 며느리가 한국에 계신 친정아버지에게 전화를 걸었습니다.

"아버지, 나 힘들어요. 한국에 갈까 봐요."

그 말을 듣고 아버지가 말했습니다.

"그래, 많이 힘들지? 그런데 네가 힘들다고 느끼는 지금이 바로 행복을 저축하는 시간이란다. 너는 고단한 하루에 한 푼 두 푼 행복을 저축하고 있는 거야. 잘 견뎌내면 언젠가 큰 행복을 느낄 거란다."

참으로 놀랍고 지혜로운 아버지의 가르침입니다.

아버지의 말씀에 힘을 얻은 딸은 다시 용기를 냈습니다. 시어머니께 인도 요리를 배우는 것부터 시작했어요. 그렇게 무너질 것 같던 가정이 조금씩 화기애애해졌다고 합니다.

하루는 TV를 보는데, 자전거로 히말라야를 정복하는 대회인 '야크 어택'에 참가한 한국인의 인터뷰가 나왔습니다. 야크 어택은 8일 동안 해발 5,416미터, 총 거리 400킬로미터를 달리는 산악자전거 경주로, 매일 정해진 거리를 제한된 시간 안에 완주해야 해서 '극한의 레이스'라고 불립니다.

이 레이스를 완주한 유일한 한국인인 그는 우여곡절 끝에 대회에 출전할 수 있었다고 합니다. 학창 시절에 희귀 난치질환을 판정받고, 평생 약을 먹어야 하는 몸으로 도전한 것입니다. 완주 끝에 온몸이 만신창이가 된 상태에서도 그의 얼굴은 무척 밝았습니다.

"고통은 잠깐이고, 이렇게 견뎌낸 시간은 큰 행복입니다. 예전에 제가 고도비만으로 겪었던 심한 열등감과, 젊어서 다리를 저는 병

때문에 사람들을 피해 다녔던 그 고통에 비하면, 숨을 쉬고 아무거나 먹을 수 있는 지금이 너무 감사해요."

뼈저린 외로움을 경험해본 사람만이 사람의 소중함을 알고, 죽을 만큼 굶주려본 사람만이 밥의 고마움을 압니다. 추위에 떨어본 사람만이 옷의 고마움을 더 소중하게 생각합니다.

제가 무척 아끼는 햇살이의 이야기를 들려드릴게요.

햇살이가 어렸을 때 아버지의 폭력에 시달리던 어머니가 그만 집을 나가버렸습니다. 당시 중학생이던 햇살이가 아버지의 폭력을 오롯이 견뎌낼 수밖에 없었습니다. 햇살이는 아버지를 피해 가출했다가 바깥 생활이 너무 힘들어 다시 집에 돌아와야 했어요.

고등학생이 되어서도 아버지의 폭력은 멈추지 않았습니다. 다행히 이웃의 신고로 아버지와 떨어져 살게 되었지요. 그렇게 보육기관에서 임시로 살게 된 햇살이는 그 순간이 무척 행복하다고 했습니다.

평범한 가정에서 자란 아이들은 견디기 힘든 곳이 보육기관입니다. 그러나 햇살이는 아버지의 폭력이 없기 때문에 그곳이 행복하다고 말했습니다. 이제 후원자의 지원으로 대학도 가게 됐고, 커서 멋진 호텔리어가 될 것이라는 희망에 부풀어 있습니다.

황벽 스님의 〈열반송〉에 이런 글이 있습니다.

내 안에서 반짝이는
기쁨이, 까칠이, 소심이, 버럭이, 슬픔이.
이 모두는 나를 위해 최선을 다하고 있는
내면의 소중한 가족들입니다.

나무에 걸린 초승달, 36×33cm, 띠 · 금계국, 2008

뼈에 사무치는 추위를 한 번도 겪지 않고서야

어찌 코끝에 스치는 매화 향기를 맡겠는가.

매화는 매서운 추위를 견뎌내고 나서야 비로소 향기로운 꽃을 피웁니다. 여러분도 시련을 두려워하지 마세요. 시련이야말로 행복을 저축하는 시간이니까요.

구직자라면 취업이 너무 쉽게 되기를 바라지 마세요. 작은 일에도 쉽게 직장을 포기하게 됩니다. 속이 타들어가고 살이 쏙쏙 빠지는 시간을 겪고 나서 얻게 된 직장은 쉽게 포기하지 못합니다.

부모라면 자녀가 겪는 시련을 두려워하지 마세요. 자녀들이 시련에 맞설 때 뒤에서 조용히 응원해주세요. '네가 지금 행복을 저축하고 있구나!' 하면서요.

당신의 일을
사랑하나요?

어떤 간호사가 병원 생활이 마치 지옥같이 힘들다고 표현했습니다. 그녀가 진짜 하고 싶은 일은 글을 쓰는 것인데, 여건만 되면 빨리 병원을 탈출해서 좋아하는 일을 하고 싶다고요.

그 말을 듣던 분이 지금 당장 병원을 그만두는 것이 좋겠다고 말했습니다. 그런 간호사가 돌보는 환자는 무슨 죄가 있으며, 만약 자기 가족이 그런 간호사의 돌봄을 받는다면 너무 불행할 것 같다고요. 그러나 지금 일을 그만두지 못할 여건이라면, 병원 생활과 글쓰기를 연결 지어보라고 권했습니다. 예를 들면, 환자들에게 좋은 글귀를 적어 건네주는 식으로요.

간호사는 그의 말대로 환자에게 위로가 될 만한 좋은 글을 적어서 넌지시 드리곤 했습니다. 그랬더니 환자들이 큰 위로가 된다며 감사 인사를 전해왔습니다. 환자들에게 글솜씨까지 인정받게 되자, 병원은 지옥이 아닌 즐거운 공간으로 바뀌었습니다.

저도 어느 날 주지라는 직책이 버겁게 느껴진 적이 있습니다.

오랫동안 피로가 누적되었던지 다 그만두고 싶었고, 도망가고 싶었습니다. 저는 내면에서 갈등하는 두 개의 나를 불러내서 대화를 나누게 했습니다. 다 그만두고 싶은 내가 투덜댑니다.

"힘들어 죽겠어. 도망가고 싶어. 이제 좀 쉬고 싶어. 지친단 말이야!"

그러자 또 다른 내가 말합니다.

"그럼 뭘 할 건데? 여기를 나가면 갈 곳은 있어? 이제 그 나이에 도반들 절에 기웃기웃하기도 힘들 텐데 어쩌려고 그래?"

처음의 내가 "그래, 맞아. 그 말도 일리가 있어" 하며 시무룩해졌습니다. 그런 나를 보며 또 다른 내가 말합니다.

"지금 네가 너무 힘들어서 그럴 거야. 그런데 다른 곳에 간다고 별로 다를 것도 없어. 이왕에 하는 것 즐겁게 해봐. 자꾸 도망가려 하지 말고."

도망가려는 내 마음을 내가 위로해주었습니다.

프랑수아 를로르가 쓴 《꾸뻬 씨의 행복 여행》이라는 책을 보면, "행복을 목표로 여기는 것은 잘못된 생각"이며, "행복은 미래의 목표가 아니라 현재의 선택"이라고 말합니다. 이처럼 우리가 행복을 목표로 삼는 것이 오히려 행복으로부터 멀어지는 일이 아닐까요.

우리가 매일 하는 일이 즐겁지 않고 고맙게 여겨지지 않는다면 얼마나 불행할까요. 지옥이 따로 없을 것입니다. 그런데도 우리는 지금 하고 있는 일을 몹시 지겨위하고, 견디기 힘늘어합니다. '다른 일을 하면 더 행복할 텐데'라면서 새로운 일들을 꿈꿉니다. 설령 다른 일을 하더라도 시간이 좀 지나면 별다르지 않을 텐데 말이지요.

여기서 다른 곳을 바라보지 말고 지금 하는 일을 좋아할 수 있도록 지혜를 동원해보세요. 방법이 보일 것입니다.

욕망의 끝

제가 아는 어떤 분은 사업체를 세 개나 꾸리면서 경제적으로 넉넉하게 살고 있었습니다. 그런데 성격이 너무 강해서 여유를 가졌으면 좋겠다는 생각에 그에게 명상 공부를 권했습니다.

"스님, 제가 이번에 서울에서 새로운 일을 하나 시작했습니다. 우선 거기에 집중하고, 사업이 정상 궤도에 올라서면 그때 스님과 같이 공부하겠습니다. 저도 공부가 필요하다고 생각하고 있었거든요."

저는 그러라고 말하면서도 내심 걱정이 앞섰습니다. 무리하다가 나쁜 일이 생기지 않기만을 바랐습니다. 하지만 얼마 지나지 않아 결국 일이 터졌습니다. 비리에 연루되어 그분이 영어의 몸이 되고 말았거든요.

욕망의 끝을 보여주는 여우 이야기를 하나 들려드리겠습니다.

여우는 살구씨 기름을 무척 좋아합니다. 그래서 사람들이 여우가 좋아하는 음식에 독약인 비상과 살구씨 기름을 발라놓습니다. 여우가 지나가다 그것을 보고는 '살구씨 기름이 너무 먹고 싶지만, 인간들이 나를 잡기 위해 독을 넣었을 거야. 그러니까 절대 먹으면 안 돼' 하고 지나갑니다.

하지만 얼마 못 가서 '냄새만 조금 맡아보고 가야지' 하고 다시 옵니다. 그러곤 냄새만 맡고 가다가 다시 돌아와 '조금만 맛본다고 죽지는 않겠지!' 하고 한입 먹고 다시 길을 갑니다. 그러다 끝내 유혹을 이기지 못하고 돌아와 음식을 다 먹고는 죽게 됩니다.

어리석은 사람의 욕망이 이와 같습니다. 조금만 더, 조금만 더 하다가 결국 죽음에 이르러 후회하게 되지요. 지혜로운 사람은 욕망의 끝을 압니다. 너무 많으면 덜어내고, 그 모든 것을 갖게 해준 인연에 감사합니다.

삼백 년간 막대한 부를 이어온 경주 최 부자 댁은 절제와 베풂을 몸소 실천한 명문가로, 여전히 후손들에게 존경받고 있습니다. 최 부자 댁이 부를 지켜낼 수 있었던 비결인 '가훈'은 오늘날에도 배울 점이 참 많습니다.

첫째, 과거를 보되 진사 이상의 벼슬에 오르지 마라. 둘째, 재물을 만석 이상 모으지 말고, 만석이 넘으면 사회에 환원하라. 셋째, 흉년에는 남의 땅을 사지 마라. 넷째, 과객은 후히 대접하라. 다섯째, 며느리들은 시집온 뒤 삼 년 동안 무명옷을 입게 하라. 여섯째, 사방 백 리 안에 굶어 죽는 사람이 없게 하라.

욕심을 내려놓을 줄 알고 작은 것에도 만족할 줄 아는 지혜로운 사람은 다가오는 재난을 피할 수 있습니다.

변화가
두려운 당신에게

한 수행자가 길을 가고 있는데 어디선가 "사람 살려!" 하는 비명이 들렸습니다. 수행자가 소리 나는 곳으로 가보니, 웬 장님이 낭떠러지 끝에서 밧줄에 매달린 채 사력을 다해 소리 지르고 있었습니다.

그런데 수행자가 가만히 보니 장님이 매달려 있는 곳은 평평한 땅바로 위였습니다. 밧줄을 놓으면 안전하게 땅을 디딜 수 있는데, 앞을 보지 못하니까 죽을힘을 다해 매달려 있는 것이었습니다.

수행자가 말했습니다.

"밧줄을 놓으시오."

그 말을 듣고 장님이 소리쳤습니다.

"아니, 어떻게 그리 잔인한 말을 할 수 있소? 이 밧줄을 놓으면 나는 죽는단 말이오!"

그 순간 밧줄이 툭 끊어졌고, 장님은 안전하게 땅바닥을 딛게 되었습니다.

장님은 바로 우리의 모습입니다. 붙들고 있는 밧줄을 놓으면 죽을 것 같은 두려움, 그러나 그 밧줄을 놓으면 새로운 세상이 열린다는 것을 모르는 어리석음을 말하고자 한 것이지요.

영원 님은 모임에서 오랫동안 회장직을 맡았습니다.

그런데 그녀로 인해 회원들 간에 불미스러운 일이 생기면서 서로 거북한 관계가 되었다고 합니다. 모임에 나가면 따돌림을 당하는 기분이 들고, 뒤에서 회원들끼리 몰래 수군거리는 것 같다고 하소연했어요. 그 스트레스가 얼마나 심한지 밤에 잠을 못 이루고, 심장이 마구 뛰어서 약을 챙겨 먹을 정도라고요.

그렇게 스트레스를 받으면서도 자기도 모르게 자꾸 단체 채팅방을 보게 되고, 대화 내용을 보면 또 자기를 약 올리는 것 같아서 스트레스가 더 심해진다고 합니다. 지켜보기가 안타까워서 영원 님에게 물었습니다.

"그 모임에 안 나가면 어떨까요?"

그랬더니 그녀가 심각한 표정으로 고개를 저었습니다.

"그러면 저는 완전히 왕따가 될 텐데요."

다음 날 다시 상담을 와서는 간밤에 불안하고 화가 나서 잠을 한숨도 못 잤다고 합니다. 이번에는 다르게 물었습니다.

"그 모임을 안 할 때는 어떻게 살았나요?"

"맞아요. 그거 안 할 때도 잘 살았는데. 내가 자식이 없나, 남편이 없나, 돈이 없나…."

그러면서도 여전히 놓지 못하고 아쉬워합니다.

밧줄은 참 다양합니다. 어떤 분은 명예의 밧줄, 어떤 분은 권력의 밧줄, 어떤 분은 재산의 밧줄, 어떤 분은 권속의 밧줄…. 그 밧줄은 썩은 동아줄 같은 것입니다. 그리고 언젠가는 반드시 끊어지게 되어 있지요. 놓으면 죽을 것 같지만 오히려 새로운 세상이 펼쳐집니다.

두려워하지 마세요. 한쪽 문이 닫히면 다른 쪽 문이 열리게 되어 있습니다. 닫힌 문을 보면서 탄식하기보다는 설레는 마음으로 새롭게 열릴 문을 기다린다면, 두려움은 기대로 바뀌지 않을까요.

삶에 실패는 없습니다. 삶은 경험일 뿐입니다. 더 다양한 삶을 경험하는 것 어떠세요?

그대가
꽃입니다

네 잎 클로버의 꽃말은 '행운'입니다. 어릴 때 풀밭에 쪼그리고 앉아 행운의 네 잎 클로버를 찾느라 눈이 빠지도록 들여다봤던 추억이 있을 거예요. 네 잎 클로버가 행운을 뜻한다면, 세 잎 클로버는 무엇을 의미할까요? '행복'입니다. 행운과 행복, 이 둘의 참 의미를 느껴볼까 합니다.

사람들이 무성한 세 잎 클로버 속에서 네 잎짜리를 찾느라 애쓰는 것을 보면, 우리는 행복보다 행운을 더 원하는 것 같습니다. 하지만 행운이란 나의 힘만으로는 어찌할 수 없습니다. 운이라는 것은 우주를 떠돌다가 나라는 존재와 인연이 딱 맞아떨어져 내게로 오는 것입니다. 마치 로또처럼 당첨되어야만 누릴 수 있는 것입니다.

복권 당첨이 어디 쉬운 일인가요. 로또에 당첨될 확률이 800만 분의 1이라고 합니다. 이것은 한 해 동안 벼락 맞을 확률인 50만 분의 1보다 낮은 확률입니다. 그런 확률에 인생을 거는 사람이 있다면 어리석다고 봐도 되겠지요.

반면, 행복은 '좋은 느낌'입니다. 좋은 느낌이란 외부에서 찾을 수 있는 것이 아니라 내가 만들어내는 주관적인 것입니다. 즉, 내 안에 있는 무한한 자원입니다. 그렇다면 행운을 기대하기보다 우리 주변에 널려 있는 행복을 만나기가 훨씬 쉽지 않을까요?

행복은 사실 세 잎 클로버보다 지천으로 널려 있습니다. 다만, 우리가 관심을 가지지 않을 뿐입니다. 조금만 주의를 집중해보면 행복은 우리 가까이에 무수히 존재한다는 것을 알 수 있습니다.

커피 한 잔에도 행복이 스며 있습니다.

아이들의 웃음소리에도, 따뜻한 저녁 밥상 위에도 행복이 머뭅니다. 졸졸 흐르는 시냇물 소리에도, 맑은 새소리에도, 감동적인 영화한 편에도, 아름다운 노래의 멜로디에도, 정답게 나누는 말소리에도, 곁에서 나를 응원해주는 친구 곁에도 행복이 있습니다.

매일 숨 쉬는 신선한 공기 중에도, 뺨을 스치는 시원한 바람에도,

맑은 아침 따뜻한 햇볕 속에도, 일과를 마치고 집으로 돌아가는 퇴근길에도, 프리지어 꽃향기 속에도, 잠에서 깨어나 아직 따뜻한 이불 안에도 행복은 있습니다. 어디서든 항상 우리가 발견해주기만을 기다리고 있습니다.

행운을 좇느라고 행복을 놓치고 있지는 않나요?
일상의 작은 행복을 놓치지 않는 당신, 그대가 꽃입니다.

인생의 장애물은 환경이나 조건이 아닙니다.
우리의 앞길을 막는 가장 큰 장애물은 부정적인 생각입니다.
다른 사람이나 환경을 탓하지 마세요.
내 생각과 나 자신을 바꾸면 됩니다.

동심(부분), 30.5×47.5cm, 자작나무껍질 · 할미꽃 · 산자고 · 갈퀴나물, 2005

당신도 나도
이만하면 괜찮아요

저는 가끔 제가 형편없는 사람이라고 생각될 때가 있습니다. 절대로 화내지 말자고 다짐해도 또 화를 내고, 남을 평가하지 말자고 해놓고 또 어느새 평가하고 있습니다. 남을 고치려고 하지 말고, 가르치려고 하지 말고, 배우려는 마음을 내자고 해도 어느새 또 가르치려 하고 있어요. 다른 이의 부정적인 면보다 긍정적인 면을 찾자고 하면서도 어느새 부정적인 면에 초점을 맞추고 있습니다.

반대로 저는 가끔 제가 기특하고 대단한 사람이라고 생각될 때가 있습니다.

무슨 일이든 맡은 일은 똑소리 나게 해냅니다. 두려움이 없어서 일을 과감하게 추진하고, 적극적으로 밀어붙이는 에너지가 있습니다. 또 저의 성장을 위해 끊임없이 노력하고 투자합니다.

당신은 어떤가요? 내가 가진 어떤 면은 대견하고 자랑스러운데, 또 어떤 면은 마음에 안 들어서 형편없다고 생각될 때가 있나요?

우리는 자주 실수하고 넘어집니다. 그럼에도 쉼 없이 노력하며 사는 한낱 외로운 인간입니다. 이렇게 단점투성이지만, 당신도 나도 이만하면 정말 훌륭합니다. 우리는 이미 충분합니다.

우리는 충분히 사랑받을 자격이 있고, 또 세상은 충분히 살아갈 만큼 아름다운 것 같습니다. 완벽하려 하면 할수록 완벽과는 거리가 멀어집니다. 부족한 점이 있기에 서로 감싸 안으며, 부족한 점이 있기에 서로 위로하고 함께 울어줄 수 있지 않을까요?

우리 서로 사랑합시다. 부족하지만 부족한 사람들끼리 사랑하며, 그렇게 온전한 사람이 되도록 말입니다. 여러분, 사랑합니다.

생각이 너무 많아
괴로울 때

생각이 복잡하면 잠이 오지 않습니다.

그럴 때 "이놈의 생각 좀 그만 하자!"

라고 하면 어떻던가요?

야속하게도 생각이 더 납니다.

이것이 사고억제의 역설적 효과입니다.

생각하고 싶지 않은데 자꾸 떠오르는 생각.

이런 생각과 싸우지 않는 방법이 없을까요?

시험을 십 분 앞두고 공부하는데

누군가 볼펜을 똑딱거리며 소리를 냅니다.

한 시간 안에 일을 끝내려고 마음먹었는데

누군가 시끄럽게 키보드를 두드립니다.

도무지 집중이 안 됩니다.

신경이 곤두서고 스트레스가 쌓입니다.

이럴 때 두 가지 방법이 있습니다.

첫 번째 방법은

잠깐 다른 곳에 집중하는 것입니다.

무언가에 흠뻑 빠져 있으면

남들이 떠드는 소리가 들리지 않습니다.

생각이 너무 많아서 괴로울 때는

생각을 지우려고 하지 말고

즉, 생각과 싸우지 말고 명상을 해보세요.

호흡에 집중하든지

걷기에 집중하든지

자연의 소리에 귀 기울여 듣기에 집중하든지

하나에 온전히 집중해보는 것입니다.

우리의 본성이 있는 자리에서 숨 쉬고 보고 듣는 것,

이것이 집중 명상입니다.

집중 명상은 우리를 고요하고

평화로운 상태에 이르도록 안내하는 지름길입니다.

두 번째 방법은 '알아차림 명상'입니다.

어떤 생각들이 왔다가 가는지를 알아차리고,

미소 지으면서 그냥 지켜보는 것입니다.

알아차림이란 현재 순간에 대한 판단이나 평가 없이

의도적으로 그저 지켜보는 것입니다.

나쁜 생각, 좋은 생각이라는 평가 없이

'생각이란 원래 그런 것'이려니 하며

그 생각이 흘러가도록 지켜보면 되는 것입니다.

이렇게 함으로써 부질없이 생각만 많다고

자신을 꾸짖지 않으면서

항상 깨어 있게 됩니다.

당신이 평화롭기를 기원합니다.

마음
알아차리기

어두운 밤, 마당에 서서

끊임없이 소란 떠는 마음에

주의를 집중하며 지켜보았습니다.

눈이 먼 산을 보고 있음을 알아차리면서

마음이 새소리를 듣는 것으로 옮겨감을 알아차립니다.

새소리를 듣고 있음을 알아차리는 동안,

'새소리가 맑고 청아하다'라는 생각을 일으킵니다.

잠깐 그 생각에 머무는 동안 마음은

'바람이 차서 뺨이 시리다'라는 생각을 일으킵니다.

마음이 또다시 '차가운 볼을 손으로

쓰다듬고 싶다'라는 생각을 일으킵니다.

손을 뻗어 볼을 쓰다듬고 있음을 알아차립니다.

갑자기 비행기 지나가는 소리가 들리자

마음이 또다시 그쪽으로 옮겨감을 알아차립니다.

'이 고요한 밤에 웬 비행기 소리?

공항이 가까이 있나?' 생각하면서

우우웅 하는 소리를 듣고 있음을 알아차립니다.

잠시 그 소리에 머물던 마음이 이내

어디선가 들리는 도랑물 소리로 옮겨감을 알아차립니다.

가만히 그 소리를 듣고 있던 마음이

아주 작게 울고 있는 고양이 울음소리로 옮겨갑니다.

또 어디선가 도란도란 들리는 사람들의 말소리도

함께 듣고 있음을 알아차립니다.

그러자 마음이 수많은 소리에

동시에 작용하고 있음을 알아차리면서,

자연의 모든 소리가 오케스트라의 연주 같다는

생각이 일어남을 알아차립니다.

동시에 흐뭇한 미소가 입가에 번지는 것도 알아차립니다.

이처럼 마음을 집중해서 관찰하면,

마음 현상이 잠시도 쉬지 않고

부산히 움직이는 것을 알아차릴 수 있습니다.

이렇게 알아차리는 마음은 맑고 청정하며,

고요하고 평화로우며, 매 순간 깨어 있습니다.

이것이 '깨어 있는 마음'입니다.

마음을 끊임없이 지켜봐야 합니다.

마음을 홀로 내버려두면 안 됩니다.

정원을 돌보지 않으면 잡초에 뒤덮이듯이

마음을 지켜보지 않으면 번뇌가 자라기 때문입니다.

마음을 지켜보는 동안

마음이 늘 변한다는 것을 알게 되고,

나와 분리되며 지혜로운 마음이 자랍니다.

마음은 나의 소유가 아니지만

나는 마음의 '책임자'이자 '관리자'입니다.

PART 2

나는
언제나 네 편

사람들이 나를 비난해도
한 명만 내 편이 되어주면 살맛 납니다.
아주 가까운 사람에게 그의 편이 되어주세요.
우리는 모두 내 편이 필요하니까요.

엄마가
너무 창피했어요

구름 님의 어머니는 둘째 부인이었습니다.

구름 님은 사람들이 자신을 '첩의 딸'이라고 비난할까 봐 노심초사
하며 위축된 유년 시절을 보냈습니다. 집안의 비밀이 알려지는 게 싫
어서 친구들에게 가까이 다가가지도, 친구들이 다가오지도 못하게
했지요.

구름 님은 자신을 그렇게 만든 어머니가 밉고, 원망스럽고, 보기
싫어서 몇 년째 가족들과 연락을 끊고 산다고 했어요. 그녀는 성인
이 되어서도 사람들 앞에 나서는 것을 극도로 피할 정도로 자존감이
낮았습니다.

그녀에게 물었습니다.

"어머니의 어린 시절은 어땠나요?"

"6·25 때 어머니는 열다섯 살 소녀였어요. 그때 언니와 단둘이 이북에서 피란 오다가 언니를 놓쳤대요."

"그럼 어린 소녀가 혈혈단신이 되어버렸네요?"

"네. 그때 함께 고생하면서 의지했던 남자와 결혼했는데, 아들을 둘 낳고는 남편이 일찍 죽어버렸대요."

"아이고. 얼마나 힘드셨을까. 의지할 데라고는 없는데, 자식 둘을 데리고 먹고살기가 참 막막했겠네요. 일가친척 하나 없이, 배운 것도 없이…."

"그때 딸만 여섯이던 지금의 아버지가 대를 이을 아들 하나만 낳아주면 식솔을 모두 책임지겠다고 했대요. 그렇게 작은댁으로 들어가 살게 되었대요."

"아아… 선택의 여지가 없었겠군요. 자식들과 함께 살기 위해 작은댁으로 살아갈 수밖에 없었던 거예요. 살아남으려고 몸부림쳐야 했던, 가슴 아픈 역사군요."

그녀는 침묵에 잠겼습니다.

저는 다시 물었습니다.

"혹시 어머니가 도둑질하셨나요?"

"아니요."

"그럼 거짓말하거나 사기 치거나 바람을 피우셨나요?"

"아니요."

"그럼 부끄러운 짓은 하지 않으셨네요? 정말 부끄러운 행동은 사기 치고, 도둑질하는 행위들이 아닐까요?"

"맞아요. 어머니는 지금도 당당하세요."

"어머니는 자식들을 살리기 위해 한 일이니까요. 살려면 선택의 여지가 없는데 무엇이 부끄럽겠어요. 그리고 설사 부끄러운 일이라 하더라도 그것은 그분의 일인데, 왜 당신이 부끄러워하나요?"

"맞아요. 제가 잘못한 일도 아닌데, 왜 수치심을 느껴야 하는지 억울하다고 생각한 적이 있어요."

갑자기 그녀의 표정이 밝아졌습니다. 환한 표정이 마치 오랜 감옥살이 끝에 해방된 것 같은 느낌이었습니다.

"어둠 속에 있는 것을 감추려고 하면 할수록 그것은 자기를 더 드러내고 싶어 합니다. 과감히 햇볕에 내놓아야 해요. 구름 님이 걱정하는 것만큼 사람들은 남의 일을 그렇게 심각하게 생각하지 않아요. 본인만 심각할 뿐이에요. 혹시 다른 사람에게 말해본 적 있나요?"

"한번은 친한 친구에게 용기를 내서 말해봤는데, 시큰둥하게 듣더라고요."

"그래요. 사람들은 그 일을 크게 생각하지 않을뿐더러 곧 잊어버리고 말아요. 수치스럽게 생각하지 말고 그냥 말하세요. 제가 아는 분의 어머니가 돌아가셔서 장례 염불을 갔는데, 축원하려고 보니까 자식들 성이 세 개나 되는 거예요. 그래서 제가 '왜 이렇게 성이 다른가요?' 하고 물었더니 그분이 '응, 우리 엄마가 좀 복잡해'라고 해서 다 같이 웃었어요. 그분은 허물이라 생각하지 않았거든요."

구름 님은 그 후 사십여 년 동안 자기를 묶었던 지긋지긋한 사슬을 끊었습니다. 그리고 지금 아주 당당하고 멋지게 사회활동을 하면서 새로운 삶을 살고 있습니다.

사람들은 매 순간 최선을 다해서 살아가고, 매 순간 가장 나은 선택을 하려고 합니다. 그래서 함부로 남을 평가해서는 안 되는 것입니다. 또 다른 사람의 삶으로 인해 내 삶이 위축될 필요도 없는 것입니다. 힘들고 괴로운 상황일수록 다른 사람이 아닌 나를 더 드러내고 통찰하세요. 진정한 치유는 자기 자신이 되는 것입니다.

아버지가
이혼할까 봐 두려웠어요

청년은 자기를 게임 중독자라고 소개했습니다.

청소년기부터 한 번씩 가출하면 피시방에서 먹고 자면서 몇 달씩 살곤 했답니다. 성인이 된 지금은 아예 집을 나와서 혼자 생활하고 있었어요. 아르바이트해서 돈이 생기면 피시방에 가고, 돈이 다 떨어지면 다시 아르바이트하는 하루살이 생활을 반복하면서요.

그러다 갑자기 자취를 감추고 몇 달씩 잠적했다가 돈이 한 푼도 남지 않으면, 집으로 돌아와 부모를 애태우곤 했습니다.

저는 청년에게 언제부터 집을 나가게 됐는지 물었습니다. 청년이 대답했습니다.

"중학교 2학년 때 새어머니에게 아버지 말고 다른 남자가 있다고 생각했어요. 전화기에 녹음된 내용을 우연히 들었거든요. 어떤 남자가 새어머니 이름을 부르면서 욕을 하고는 남편에게 모든 걸 이르겠다고 협박했어요. 그때 아버지는 공직에 계셔서 승진 시험공부를 하느라 우리와 잠시 떨어져 살았거든요. 당시 새어머니는 집을 나갔다가 항상 늦은 밤 아니면 새벽에 들어오셨고요."

청년이 한숨을 쉬더니 계속 말을 이어나갔습니다.

"오랜만에 집에 오신 아버지가 혼자 식사를 하고 계셨어요. 그때 새어머니가 아버지에게 큰소리로 화를 내셨어요. 그것을 보는 게 너무 싫었어요. 새어머니가 너무 밉고, 또 아무 대꾸도 못 하는 아버지도 밉고…. 집에 있으면 답답해서 죽을 것 같았어요. 새어머니를 죽일 것 같아서 집에 있을 수가 없었어요."

"왜 너의 고민을 아버지께 말하지 않았니?"

"아버지가 두 번 이혼할까 봐 두려웠어요. 그리고 아버지가 안 계신 집에서는 제가 장남이니까 가정을 지켜야 한다고 생각했어요."

가슴이 먹먹했습니다.

중학교 2학년 아이가, 네 살 때 부모의 이혼으로 친어머니를 잃은 아이가 새어머니에게 다른 남자가 있다고 짐작했을 때 얼마나 무서

윘을까요. 사춘기 아이가 감당하기에 얼마나 힘들었을까요.

아이는 계속해서 집을 나가게 되었고, 친구 집을 전전하다가 결국 피시방에 갈 수밖에 없었던 것입니다. 그렇게 게임 중독자가 되었고 요. 사람들은 이런 아이를 게임 중독이라고 비난합니다. 하지만 아이가 그때 무엇을 할 수 있었을까요?

이제 그 청년은 어른이 되었고, 부모에게서 독립할 나이가 되었습니다. 그런데 아직도 방황하는 청소년처럼 집을 나와 잠적하는 버릇을 고치지 못하고 있었습니다. 저는 청년에게 물었습니다.

"네가 그렇게 잠적해버리면, 누가 마음 아파할 것 같니?"

청년이 반문했습니다.

"누가 아파요?"

청년은 잠시 생각에 잠겼습니다.

"아, 아버진가요? 제가 가출한 이유가 아버지 때문일까요? 아버지가 가출한 저 때문에라도 집에 오셔서 어머니를 못 나가게 막고 집을 지키기를 바랐던 걸까요? 아, 그랬었나 봐요!"

아이는 가출이라는 문제를 일으켜 무의식적으로 아버지를 부른 것이었습니다.

저는 청년을 부모에게서 분리하는 작업을 해야겠다고 생각했습니다. 아버지 역할을 대신할 사람을 청년 앞에 세웠습니다. 그리고 청년에게 그와 두 손을 맞잡은 뒤 눈을 감고 저를 따라서 말하게 했습니다.

"아버지, 아버지는 제 몸을 주셨습니다. 저는 어려서는 아버지의 보살핌이 필요했습니다. 하지만 이제 성인이 되었고, 제 인생은 제가 책임지려고 합니다. 앞으로 저는 제 인생을 살겠습니다. 더는 부모님의 인생에 개입하지 않겠습니다. 부모님의 인생은 두 분의 몫이니까요. 저는 아버지로부터 독립하겠습니다."

청년이 아버지 역할을 하는 사람의 등을 밀어 문밖으로 내보내게 했습니다. 새어머니도 같은 방법으로 등을 밀어서 문밖으로 보내게 했습니다. 청년에게 물었습니다.

"지금 느낌이 어떠니?"

"뭔가 어깨에서 툭 떨어져 나간 느낌이에요. 가볍고 시원해요."

청년은 이제 가출해야 할 이유로부터 해방되었습니다.

저는 상담이 끝나면 항상 가슴이 아려옵니다. 그 아픈 삶의 역사 때문에. 그래서 부처님께서는 고해의 세상을 살아가는 우리가 가엾어서 자비를 말씀하셨나 봅니다.

지금 그 청년은 건실한 직장인이 되었고, 첫 월급을 탔다며 귀한 두리안을 사 오기도 했습니다. 스님들이 두리안을 좋아하는 것을 알고 있다고요.

오늘도 가슴 시린 바람이 불어오지만, 그래도 인생은 살아볼 만한 가치가 있지 않나요?

외출, 18×23cm, 자작나무껍질 · 불두화 · 자두나무잎, 2006

우연인가요,
필연인가요

어느 무더운 여름날 그녀가 저를 찾아왔습니다.

"아들이 많이 아프다는데 남편이 아들한테 못 가게 해서 너무 속
상해요. 대학까지 다니는 놈이니까 자기가 알아서 병원에 가라고 하
네요. 그래도 아플 때는 엄마인 제가 가봐야 하는데, 가게도 봐야 하
니까요…."

그녀는 하염없이 눈물을 흘리고 있었습니다.

상담이 몇 차례 진행된 후에 제가 물었습니다.

"처음에 남편과는 어떻게 만나셨어요?"

"선을 보러 갔는데 다방에 앉아 있는 남편의 머리에 후광이 환하

게 비치는 거예요. 그 모습에 반해서 그만 결혼까지 하게 됐어요. 그 때 하지 말았어야 했는데 말이죠."

저는 속으로 깜짝 놀랐습니다.

그녀의 남편은 키가 작고 초라한 외모의 소유자였습니다. 어딜 가나 별로 눈에 띄지 않을 것 같은 외모에 일찌감치 사회에 나와 모진 고생을 했다고 합니다. 그런 남자에게 늘씬한 미녀가 한눈에 반해서 결혼까지 했으니 이것이 어떻게 우연일 수 있겠습니까. 두 사람이 만나야만 했던 필연이 작용했다고 생각했습니다.

상담이 진행되는 동안 짐작은 더 확실해졌습니다.

남편은 어릴 때 불우한 가정환경에서 자랐습니다. 지병을 앓는 어머니와, 그런 어머니를 버리고 집을 나가 딴살림을 차린 아버지. 그래서 아들은 어려서부터 생계를 책임지고 어머니와 집안을 돌봐야 했습니다.

아내도 어린 시절이 힘들었습니다. 남편의 외도로 우울증을 앓게 된 어머니. 그 어머니가 집을 나가 돌아다니다 다른 사람과 낳은 딸이 바로 그녀였습니다. 그녀 역시 홀로 어머니를 보살피며 불쌍하게 자랐습니다.

결국, 두 사람만이 서로의 아픔을 가장 잘 이해하고 보듬을 수 있었던 것입니다.

그녀의 남편은 참 좋은 사람이었습니다.

가엾은 어머니를 보살피듯이 아내를 보살폈고, 아내의 말이라면 뭐든지 다 들어주었습니다. 아내를 힘들게 하는 사람은 자식이라도 용서하지 않았습니다. 또 그가 힘들게 살아온 만큼 자식도 강하게 키워서 온갖 어려움을 혼자 이겨내기를 원했습니다.

저는 상담을 통해 아내가 남편의 역할을 경험하게 했습니다. 그녀는 어린 시절 남편이 느꼈을 열등감과 분노, 소외감, 출세하고 싶은 욕망을 이해하게 되었습니다. 그리고 남편이 지금 얼마나 아내에게 그의 노력을 인정받고 싶어 하는지도 알게 되었습니다.

그런 남편의 아픔을 공감하고 이해하며 다독거릴 수 있는 사람은 오직 아내뿐이었습니다.

몸이 성치 않은 어머니를 모시고 있다는 두 사람의 공통분모가 어쩌면 그들을 만나게 했는지도 모릅니다. 어쩌면 세상에 알 수 없는 강한 에너지가 그들을 이어준 것인지도 모르고요.

우리는 수많은 사람과 관계를 맺으며 살아갑니다.

매일 만나는 사람들은 나와 아주 가깝거나 먼 사이이며, 때로는 서로서로 인식하기도 하고 인식하지 못한 채 스쳐 지나가기도 하지요.

잠깐 스치는 인연이라도 그때는 혜안이 없어서 잘 모를 뿐입니다. 훗날 그것이 필연이었다는 것을, 그녀를 통해 다시 한 번 깨닫게 되었습니다.

지금 당신 곁에 있는 그 사람, 때로는 정말 미워지는 그 사람이 당신이 간절히 만나고 싶어 했던 사람일 수 있습니다. 그리고 지금 당신에게 가장 잘 어울리는 최고의 사람일 수 있습니다.

서로 많이 사랑하세요.

궁합이
안 맞아요

중년 부부가 에니어그램 성격 검사를 받았습니다.

에니어그램이란 사람의 성격을 아홉 가지로 나누어보는 성격 유형 검사입니다. 완벽주의자, 돕는 자, 성취자, 낭만주의자, 탐구자, 충실한 사람, 열정적인 사람, 도전자, 평화주의자로 구분합니다. 성격마다 모두 장단점을 가지고 있지요.

중년 부부의 검사 결과가 재미있었습니다. 남편은 중심 유형이 '탐구자', 아내는 '열정적인 사람'으로 나왔습니다. 탐구자 유형은 말이 없고 혼자 있기를 좋아하며, 항상 무언가를 배우고 세상에 대한 정보를 수집하기를 좋아합니다. 또 깊이 생각하고 연구하는 관찰자의 특징을 가지고 있습니다.

열정적인 사람 유형은 분위기를 고조시키는 능력이 있어 사람들과 잘 어울리고, 그들을 행복하게 하는 데서 보람을 느낍니다. 항상 새로운 것을 좋아하고 지루한 것을 못 참는 특징이 있지요.

남편이 손을 들고 말했습니다.

"스님, 질문이 있습니다. 저는 집사람과 궁합이 안 맞아서 살 수가 없어요."

"그러세요? 어떻게 안 맞으세요? 예를 든다면?"

"예를 들면, 집사람이 일요일에 어디 놀러 가자고 말해요. 그러면 저는 '일요일에 비가 온다고 했는데 비가 오면 어떡하지' 생각합니다. 그러면 아내는 잠깐을 못 참고 버럭 화를 내요. '갈 거야, 안 갈 거야? 빨리 말해. 안 갈 거면 집어치워!'라고요."

그때 옆에 있던 아내가 손을 번쩍 듭니다.

"스님, 저도 못 살겠어요. 남편과는 답답해서 살 수가 없어요."

"어떻게 답답하세요?"

"아파트로 이사 가자고 졸라도 5년째 연구만 해요. 냉장고만 해도 그래요. 하도 오래 써서 지루해지니까 몰래 망가뜨려 놨더니 싹 고쳐주고는 더 쓰래요."

저는 두 사람의 하소연을 다 듣고 난 뒤 질문을 던졌습니다.

"만약 두 분 모두 남편 같은 탐구자 유형이라면 어떨 것 같으세요?"

두 사람은 잠깐 생각했습니다. 먼저 남편이 답했습니다.

"집안 분위기가 너무 어둡고 무거울 것 같아요. 며느리들이 오면 재미없어 할 것 같네요. 종일 같이 있어도 말을 안 할 테니까요."

"그러면 만약 두 분 다 아내 같은 열정적인 사람이라면 어떨까요?"

이번에는 아내가 답했습니다.

"매사에 즉흥적이고 노는 걸 좋아하겠지요. 그런데 집안 꼴이 말이 아닐 것 같아요."

그 말에 웃음보가 터졌습니다. 잠시 후 아내가 제게 물었습니다.

"그럼 우리는 궁합이 잘 맞는 건가요?"

"네. 그렇습니다. 재미는 없지만 계획적이고 실수가 없는 남편, 무계획적이지만 주변을 즐겁게 해주는 아내. 두 분이 서로의 기준으로 '너는 왜 그 모양이야?'라고 하면 궁합이 안 맞겠지요. 그러나 남편은 아내를 보고 '아, 나는 남을 즐겁게 하는 재주가 없는데, 아내에게 그런 능력이 있어서 집안 분위기가 즐거워지니 참 고맙다' 하면 됩니다. 또 아내는 남편을 보고 '나는 즉흥적이고 실수가 잦은데, 남편이 꼼꼼하게 살림을 꾸려주니 우리가 넉넉히 살 수 있어서 참 고맙다' 생각하면 궁합이 잘 맞는 것입니다."

궁합이 맞고 안 맞고는 어디에 달렸을까요? 오직 '마음', 마음 하나에 달렸습니다. 한 가지 이야기를 들려드릴게요.

먼 옛날에 인간은 남녀가 분리되지 않은 한 몸이었습니다. 머리는 하나요, 얼굴은 두 개, 팔다리는 네 개, 심장은 두 개, 그리고 성기도 두 개였습니다. 그들은 매우 강력하여 만능에 가까웠으며 완전했습니다. 이것은 신에게 위협이 되었어요. 그래서 신들은 인간을 파멸시키기 위해 회의를 열었습니다.

"인간을 다 죽이면 누가 우리 신들에게 경배할 것인가?"

신은 이 점을 깊이 생각하다 해결책을 내놓았습니다. 인간을 둘로 나누자고요. 둘로 나누면 인간의 힘은 반으로 감소해 신들이 두려워할 필요가 없어지고, 경배는 두 배로 받게 될 테니까요.

마침내 신이 명했습니다.

인간을 둘로 나누되, 분리한 상처를 감추고는 서로 반대 방향으로 보내라고요. 그렇게 멀리 떨어진 두 인간이 온전한 하나가 되려고 만나는 것이 부부라고 합니다. 지금의 남편이나 아내는 그때 헤어진 나의 온전한 반쪽입니다.

　서로가 자기의 반쪽임을 믿으며 다름을 인정할 때, 갈등은 사라질 것입니다. 다름이야말로 온전한 하나를 만들기 위한 채움입니다. 그러므로 다름은 축복입니다.

틔움, 36×33cm, 모시 · 목화솜 · 오동나무잎 · 꽃다지 · 자작나무껍질, 2005

내 편이
필요해요

그녀는 상담실에 들어서자마자 남편에 대해 불만을 쏟아 냈습니다. 남편이 걸핏하면 화를 내고 욕을 한다고요. 무슨 욕을 그렇게 잘하는지 자기에게 하는 것이 아닌데도 듣다 보면 속상하고 화가 난다고요. 오늘 아침에도 그 때문에 싸우고 왔답니다.

저는 무슨 일로 어떻게 싸웠는지 자세히 물었습니다.

아침에 남편이 운전하는 차를 탔는데, 다른 사람이 끼어들기를 한다고 자꾸 욕하더래요. 아내가 욕을 좀 안 할 수 없겠냐고 짜증을 내면서 싸움이 시작됐다고 합니다. 저는 그녀에게 그 상황을 재연해보자고 했습니다.

남편 역할을 대신할 사람을 옆에 앉히고, 아내에게 똑같이 말해보라고 했습니다.

"야, 인마! 운전 똑바로 못해? 저런 예의 없는 새끼!"

그런 남편에게 아내가 화난 목소리로 말합니다.

"당신 좀 좋게 말할 수 없어요? 왜 그렇게 아침부터 천박하게 욕을 하고 그래요!"

그녀는 화가 안 풀렸는지 남편을 저질이라고 비난했습니다.

우리는 역할을 바꿔보기로 했습니다. 아내에게 남편이 했던 것과 똑같이 욕하게 했고, 남편 역할을 하는 사람이 그녀를 저질이라고 비난하게 했습니다.

그녀에게 남편 역할을 할 때의 느낌이 어땠느냐고 물었습니다. 아내는 기분이 더럽고 화가 난다며, 무시당하는 것 같다고 했습니다.

우리는 지혜를 모았습니다.

어떻게 해야 남편과 아내가 다 같이 편안할 수 있을지에 대해서요. 누군가 제안했습니다. '남편이 욕하기 전에 아내가 먼저 끼어든 운전자를 욕해주기.'

우리는 그 상황을 연출해보기로 했습니다. 차가 불쑥 끼어들 때 남편보다 아내가 먼저 욕하는 것으로요. 그러자 아내가 흥분한 목소리로 소리쳤습니다.

"저, 저, 저, 나쁜 사람. 운전을 저렇게 하면 안 되지. 왜 위험하게 끼어들고 야단이야!"

그녀에게 남편과 아내 역할을 다 해보게 한 뒤 물었습니다.

"남편 역할을 해보니 어때요?"

"아내가 먼저 욕해주니까 속이 시원하네요. 제가 굳이 욕하지 않아도 될 것 같아요."

"아내 역할을 해보니 어때요?"

"저도 속이 시원해지면서 남편이 밉지 않았어요. 앞으로 무조건 남편 편을 들어줘야겠어요."

남편은 모든 사람이 자기를 비난해도, 식구들이 확실히 그의 편이 되어준다면 살맛 난다고 합니다. 남편을 자꾸 고치려고 하지 말고, 무조건 그의 편이 되어주세요. 우리는 모두 내 편이 꼭 필요하니까요. 아주 가까운 가족에게 무조건 그의 편이 되어주세요. 그래야 인생이 살맛 납니다.

내면의 아이와
대화하기 I

우리 내면에는 소인격체들이

가족을 이루어 살고 있습니다.

내면가족체계에서는 이것을

'내 안에 있는 내면 가족의 부분들'이라고 말합니다.

제 내면에 있는 소인격체들은

분노, 자긍심, 열정입니다.

제가 주로 느끼는 감정들이지요.

'분노'의 소인격체를 가만히 느껴보면,

어깨에 힘을 잔뜩 주고 눈을 크게 부릅뜨고서

누군가 공격하기만 하면 곧바로 달려들 듯이

경계하는 장수의 모습을 하고 있습니다.

'자긍심'의 소인격체는 활기차고 기운이 넘치며,

밝고 환한 붉은 색상에 물방울 모양을 하고

공중에 붕 떠 있는 모습입니다.

'열정'의 소인격체는 정열적인 빨간색

만다라꽃을 닮았고

에너지를 마구 뿜으며 주변을 환하게 만듭니다.

이 가족체계의 정중앙에 '참자아'가 있습니다.

참자아는 불성이라고도 하고 하느님이라고도 합니다.

본질, 참나, 내면의 빛 등등

여러 가지 이름으로 불리는 나의 핵심 부분입니다.

누구나 참자아를 가지고 있습니다.

참자아는 온화하고 개방적이며

나와 다른 사람에게 수용적입니다.

참자아 상태에 있을 때 우리는

가장 안정적인 상태로 중심이 잡혀서

사람들의 행위에 자극받지 않는다고 합니다.

또 참자아는 다른 사람과의 관계를 돌보는

깊고 긍휼한 마음을 가지고 있다고 합니다.

불교에서는 이것을 '관찰하는 자아',

또는 '알아차림'이라고도 합니다.

저는 먼저 분노와 대면했습니다.

가끔 불쑥 올라와서 통제되지 않는 힘으로

나와 주변 사람을 불편하게 하는 분노.

때때로 인간관계를 엉망으로 만들어버리는 분노를

자비의 마음으로 바라봅니다.

술 마시고 와서 나를 비난하는 아버지가 떠오릅니다.

그런 아버지를 미워하며 화를 억누르고 있는 사춘기 소녀.

소녀를 수문장처럼 지키고 서 있는 보호자.

소녀가 상처 입기 전에 먼저 상대를 공격하는 그 보호자는

분노의 다른 이름이었습니다.

참자아는 자비의 마음으로 분노를 인정하고 고마워합니다.

'아 그랬구나. 어린 내가 상처받지 않게 하려고

네 나름대로 최선을 다하고 있었구나.

나를 위해 애써줘서 고마워.

그동안 몰라줘서 미안해.'

그러자 분노는 어깨에 힘이 빠지면서

온순한 모습으로 바뀌었습니다.

내면의 소인격체들은 각자의 역할에 최선을 다하면서

나를 지키고 있다는 것을 인정해주어야 합니다.

그들의 역할이 부정적이더라도,

화를 버럭 내서 주변 사람들을 떠나가게 하더라도

그들은 자기가 할 수 있는 가장 좋은 일을

한다고 믿는 것입니다.

이제 분노가 그토록 보호하려고 감추어두었던

'내면의 상처받은 아이'를 만나기 위해

분노에 동의를 구합니다.

'내가 어릴 적 상처받은 아이를 만날 수 있도록

잠깐 자리를 비켜주겠니?'

분노는 흔쾌히 자리를 내줍니다.

저는 술에 취한 아버지에게 꾸중 듣고 있는

화가 난 아이를 만났습니다.

저는 이 여린 소녀를 방석으로 대신해서

끌어안고 위로해줍니다.

'아버지 때문에 속상하고 화났구나?

그래, 정말 힘들었겠다.'

화를 참느라 힘들었을 아이를 안고,

한참 동안 다독이며 위로해주었습니다.

그리고 그 아이의 보호자인 분노도 함께 안아주었습니다.

이렇게 참자아는 어느 편에도 치우치지 않고

어느 편도 내치지 않습니다.

모든 것을 판단하거나 평가하지 않고

자비의 마음으로 감싸 안아줍니다.

충분히 위로받은 내면의 분노는

비로소 편안하고 평화로워졌습니다.

내면의 가족들,

그들이 평화로울 때

진정한 행복이 찾아옵니다.

내면의 모든 감정은

존중받아야 할 나의 가족입니다.

내면의 아이와
대화하기 II

저의 참자아는 자긍심과 열정을 만나보기로 했습니다.

나의 성장을 위해 쉬지 않고 애쓰는 열정과,

그 열정이 이룬 성취감으로 뿌듯해하는

자긍심과 마주했습니다.

상담 선생님이 제게 물었습니다.

"열정과 자긍심을 느껴보세요. 그 느낌이 어때요?"

"들뜨고 흥분되면서 뿌듯해요.

그런데 그 뒤에 슬픔이 느껴져요.

그림자처럼 숨어 있어요."

저도 예기치 못한 뜻밖의 대답이었습니다.

"슬픔이요?"

"네."

"그 슬픔은 어디서 왔나요?"

"고등학교를 졸업하고 대학 진학을 고민할 때였어요.

제가 가고 싶은 학교가 있었는데,

그러려면 자취를 해야 했어요.

아버지는 집에서 다닐 수 있는 교육대학교에 가라고 하셨어요.

당시 교대는 예비고사만 합격해도 갈 수 있었어요.

예비고사는 이미 합격했는데,

여태 열심히 공부한 게 억울해서

교대에 안 가겠다고 하고 아예 대학을 안 갔어요.

그리고 일 년 동안 혼자서 참 많이 울었어요."

"아, 대학 진학을 하고 싶었는데 못 했던

'슬픈 아이'가 있군요?"

"네. 그런가 봐요."

"그래서 그 아이를 보호하려고 열정이 나서서

끊임없이 공부하게 하고, 성취하게 한 뒤

뿌듯해하며 자긍심으로 채우는군요."

"그런가 봐요."

"좋아요. 그러면 이제 그동안 슬픈 아이를 보호했던

열정과 자긍심에 감사 인사를 전해보세요."

저는 부드럽게 인사를 건넸습니다.

"열정과 자긍심아. 그동안 너희들이 저 슬픈 아이가

상처받지 않도록 보호자 역할을 하고 있었구나.

정말 수고했다. 고마워.

이제 내가 저 슬픈 아이를 만나보고 싶은데 허락해주겠니?"

참자아가 인자한 마음으로

열정과 자긍심의 노고를 인정해주자

그들은 흔쾌히 자리를 내주었습니다.

참자아는 이제 내면에 주눅 들어 있는

—

105

슬픈 아이를 만났습니다.

'너 참 슬펐겠다. 친구들은 모두 대학에 가는데,

너는 형편이 어려워 그러지 못하고 얼마나 속상했니?

대학에 가려고 그렇게 애를 썼는데

갈 수 없어서 슬펐겠구나. 다 이해해.'

참자아는 슬픈 아이를 꼭 끌어안고 위로해주었습니다.

그리고 슬픈 아이를 보호해왔던

열정과 자긍심도 안아주었습니다.

슬픈 아이가 위로받고 편안해져야만

나를 몰아세우느라 초조하고 긴장했던 열정도 쉴 수 있습니다.

내 안에서 반짝이는

기쁨이, 까칠이, 소심이, 버럭이, 슬픔이.

이 모두는 나를 위해 최선을 다하고 있는

내면의 소중한 가족들입니다.

그들과 자주 대화를 나눠보세요.

우월감과
열등감

태산 님은 입만 열면 자기 자랑입니다.

내가 어떤 유명인사와 친하다느니, 내가 어떤 분야에서 전문가라 느니, 내가 있어야 분위기가 산다느니…. 좌중을 좌지우지하며 자기 자랑을 늘어놓는 그를 볼 때마다 그의 내면에 인정받지 못한 어린아이가 있겠다는 짐작을 해봅니다.

반면에 새싹 님은 무슨 일에도 자신감이 없습니다.

제가 보기에는 충분히 능력 있고 맡은 일을 잘 해내는데, 자기는 항상 못할 거라 생각하며 움츠리고 회피하려 듭니다. 그런 새싹 님을 볼 때마다 보이지 않는 우월감이 내면에 있는 것이 아닌지 생각해봅니다.

우월감과 열등감은 동전의 양면처럼 우리 내면에 드리워진 그림자입니다. 우월감은 숨겨진 열등감이며, 열등감은 숨겨진 우월감입니다. 요즘 우리 사회에 만연한 '갑질'은 우월콤플렉스, 즉 숨겨진 열등감이 빚어낸 결과입니다.

《콤플렉스는 나의 힘》을 쓴 정승아 교수에 따르면, 이 빗나간 우월감 밑에 깔린 것은 열등감이라고 합니다. 우월감이 전면에 나타나는 사람은 매사에 자신만만하고 거만해 보이지만, 사실은 그 뒤에 열등감을 감추고 있습니다. 본인은 의식하지 못하지만 열등하게 느끼는 부분이 있어서 그것을 감추기 위해 반대로 행동하는 것이지요.

반면에 열등감이 전면에 나타나는 사람은 매사에 자신감이 없고 위축되어 있습니다. 사실 그 뒷면에는 우월감이 숨어 있어요. 우월해지고 싶은 욕구가 없다면 열등감도 있을 수 없기 때문입니다. 제가 만난 새싹 님은 내면에 '나는 너희들과 달라, 나는 특별해'라는 신념을 가지고 있었습니다.

진정한 우월감이란 흔들리지 않아야 합니다. 다른 사람과 비교하면서 느끼는 우월감은 쉽게 무너지기 때문입니다. 내가 가진 것에 집중하고, 그것을 개발하려고 노력하는 것이 진정한 우월감입니다.

우리 삶에 영원한 것은 단 하나도 없습니다. 영원한 것이 없기에 가난한 사람이 어느 날 부자가 되기도 하고, 백만장자가 하루아침에 노숙자가 되기도 합니다. 잘나가던 사람이 어느 날 교도소를 가게 되기도 하고, 건강하던 사람이 불구가 되기도 합니다. 그런데 지금 조금 잘나간다고 뻐기고 으스댄다면 얼마나 우스운 일인가요. 또 남들을 무시하고 핍박한다면 얼마나 부끄러운 일인가요.

불교의 세 가지 근본 교리 중 첫 번째인 제행무상諸行無常은 '모든 것은 항상 변화하여 영원하지 않다'는 뜻입니다. 이 제행무상이야말로 인생을 살맛 나게 하는 것 같습니다.

가난한 사람이 죽을 때까지 가난해야 한다면 어찌 살맛이 나겠어요? 잘나가는 사람은 항상 잘나가고, 안되는 사람은 항상 안된다면 억울해서 어떻게 살겠어요?

제행무상의 진리를 안다면, 지금 잘나간다고 뻐길 것 없습니다. 또 지금 안 풀린다고 절망할 것도 없습니다. 잘나갈 때 조심하고 안 풀릴 때 기죽지 마세요. 모든 것은 변화하니까요.

철이 드는
스님

　　　　　항상 다른 사람을 가르치려 하고, 다른 사람을 제 뜻대로 통제하려 드는 하늘 님의 행동이 마음에 안 듭니다. 그러면 안 된다고, 좀 더 겸손해지라고 말해주고 싶습니다. 하지만 갈등이 생길까 봐 두려워서 회피합니다.

　　자기밖에 모르고 다른 사람과의 관계를 무시하는 독불장군인 태양 님이 마음에 안 듭니다. 인간관계를 그렇게 하면 안 된다고 야단치고 싶은데, 듣지 않을 것 같아서 그와 연락을 안 한 지 한참 되었습니다.

　　다른 사람에게 베풀 줄 모르고 항상 받기만 하려는 얌체 같은 이슬 님이 마음에 안 듭니다. 인생을 그렇게 살면 안 된다고, 가는 것이 있으면 오는 것이 있어야 한다고 충고하고 싶습니다.

어느 날 문득 왜 이렇게 내 마음에 안 드는 사람이 많은지 생각했습니다. 미운 사람이 많을수록 오히려 내가 더 괴로운데, 이 괴로움에서 벗어날 수는 없을까요?

그런데 알고 보니 문제는 제 안에 있었습니다. 남들을 옳다 그르다 평가하는 제 안의 심판관이 문제였습니다.

'이런 것은 옳지 않아.'

'이런 것은 고쳐줘야 해.'

'이렇게 살아야 해.'

내 안의 기준이자 잣대는 완벽주의자들의 함정입니다. 항상 제 잣대를 들이대며 남들을 평가하고 심판하려는 못된 습관입니다. 그리고 고쳐주고 가르치려 드는 강박입니다. 그래서 생각을 바꿔보기로 했습니다. '고쳐야 한다고 생각하지 말고, 다름을 인정해주기.'

저는 그들의 삶의 역사를 반추해보았습니다.

하늘 님은 어릴 때부터 아버지를 대신해 집안의 모든 일을 도맡아하면서 가족들을 건사했습니다. 또 교사가 직업이니 가르치는 것이 습관이 됐나 봅니다.

태양 님은 어릴 때부터 언니, 오빠와 나이 차가 많이 나서 혼자 놀아야 했습니다. 바쁜 어머니와 대화 나눌 시간도 없었기 때문에 항상 혼자였어요. 다른 사람들과 함께하는 것이 어색하고 불편하니, 혼자 있는 것이 더 편한 사람입니다.

이슬 님은 대가족의 막내딸로 태어난 덕분에 귀여움을 독차지하고 자랐습니다. 응석을 부리면 다 해결해주는 환경에서 컸으니 혼자서는 자신이 없고 주변에 기댈 수밖에요.

저는 엄한 부모님 밑에서 조금만 잘못하면 호되게 혼나고 매도 맞고 자랐기 때문에 항상 긴장하고 조심하지 않으면 잘못될 것이라는 강박이 있습니다.

사람들의 삶의 역사와 나의 삶의 역사가 이렇게 다른데, 어떻게 모두 나와 같기를 바랄까요. 그것은 그 사람의 특성이고, 이것은 저의 특성인 걸요.

절밥을 삼십 년 넘게 먹다 보니 이제야 좀 철이 드는 것 같습니다.

정말 고쳐야 할 것은 남이 아니고 남을 고치려 하는 나의 마음이라는 것을 이제야 알았으니까요. 제가 찌그러진 색안경을 끼고 남들을 찌그러졌다고 지적했습니다. 남들이 마음에 들지 않는다고 불평만 했으니 참으로 못나고 못났습니다. 참으로 부끄럽고 부끄럽습니다.

부처님께서 "이 세상은 그대로 완벽하고 아름다운 화엄의 세계"라고 하셨는데, 제가 보는 세상은 왜 이렇게 못마땅한 것들로 가득 찼을까요? 제가 부족하고 못났기 때문입니다.

부처님, 용서하소서.

그동안 부끄럽게 살아온 것을 참회합니다.

남을 가르치려 들기보다 배우려는 마음을 내겠습니다. 남을 지적하기보다 그들에게서 배울 점을 찾겠습니다. 부디 자비로 보살펴주소서.

사람들 때문에 마음이 불편한가요? 상대방이 원망스러운가요? 남들이 당신을 화나게 하나요? 아직 마음공부가 부족하다는 증거가 아닐까요? 오늘도 나를 돌아봅니다.

남들을 옳다 그르다 평가하는
내 안의 심판관이 문제입니다.
'이런 것은 옳지 않아.'
'이런 것은 고쳐줘야 해.'
'이렇게 살아야 해.'

내 안의 기준이자 잣대는
완벽주의자들의 함정입니다.
남을 고쳐주고 가르치려 드는 강박입니다.
그래서 생각을 바꿔보기로 했습니다.
'고쳐야 한다고 생각하지 말고 다름을 인정해주기.'

풀꽃 신화 09, 52×20cm, 모시잎·자작나무껍질·코스모스씨앗·금박, 2016

손뼉에
담긴 세상

어느 날 소풍 님이 와서 하소연합니다.

"스님! 제 남편 좀 바꿔주세요. 불교대학을 데리고 다니시든지 상담을 좀 받게 하시든지. 도대체 미운 짓만 해서 살 수가 없어요. 그렇게 얘기를 하는데도 남편이 바뀌질 않네요."

토마토 님도 와서 하소연합니다.

"스님! 우리 아이가 왜 그러는지 모르겠어요. 이 녀석이 속을 너무 썩여요. 녀석이 조금만 달라지면 훨씬 행복할 것 같은데…"

참 재미있습니다. 상대방만 바뀌면 다 잘될 텐데 상대방이 안 바뀐다고 입을 모아 말하니까요.

자! 두 손바닥을 소리가 나도록 세게 부딪쳐봅시다.

짝 소리가 나지요. 이 소리는 어느 쪽이 냈나요? 오른손인가요, 왼손인가요?

오른손만 가지고는 소리가 날 수 없습니다. 왼손만 가지고도 소리가 날 수 없습니다. 소리는 왼손에서도 나고 오른손에서도 납니다. 이것이 '연기법'입니다. 연기법이란 서로 인연하기에 일어난다는 뜻으로, 어떤 것도 홀로 존재하지 않는다는 의미입니다.

제가 보기에 소풍 님의 남편이 바뀌지 않는 데는 아내 탓도 있습니다. 아내의 퉁명스러운 말투와 남편을 무시하는 태도 때문일 수 있습니다. 내가 남편을 30만큼 싫어하면 남편도 나를 30만큼 싫어하고, 내가 남편을 80만큼 미워하면 남편도 나를 80만큼 미워합니다.

토마토 님의 아이가 속을 썩이는 데는 어머니 탓도 있습니다. 매일 공부하라는 잔소리와 부모의 잦은 말다툼에 아이가 지치고 힘들어서일 수 있습니다.

또 하나 중요한 것이 있습니다.

손바닥을 마주칠 때 나는 짝 소리는 본래부터 있던 것인가요, 새로 생겨난 것인가요?

본래는 없던 것입니다. 두 손바닥이 만나서 잠깐 생겼다가 사라졌습니다. 이와 같이 모든 현상은 본래부터 있던 것이 아니고, 또 영원한 것도 아닙니다. 잠깐 있는 것처럼 보이다가 인연 따라 사라져버린 것입니다.

《금강경》에서 말합니다.

모든 현상은 꿈 같고 환상 같고
물거품 같고 그림자 같으며
이슬 같고 또한 번개 같으니
마땅히 이렇게 바라볼지니라.

속지 마세요. 모든 현상은 본래 실체가 없는 것입니다.

상대를 바꾸고 싶으면 나를 먼저 바꾸세요. 내가 바뀌면 상대방도 분명히 바뀝니다.

분별하는 마음이
올라올 때

어느 수행자가 큰스님 밑에서 도를 배우기 위해 온 갖 힘든 일을 하면서 참고 견뎠습니다. 그런데 삼 년이 지나도록 스님은 법을 가르쳐줄 기미가 없었습니다. 참다못한 수행자가 기어이 스님을 찾아가 말했습니다.

"스님, 더는 못 기다리겠습니다. 스님께서는 제게 도를 가르쳐주실 생각이 없으신 것 같으니 저는 이만 하산하렵니다."

그 말은 들은 스님은 "그래? 그러면 나를 따라오너라" 하고는 숲 속으로 들어갔습니다. 이윽고 둥치가 아름은 되는 나무를 끌어안고 "나를 좀 놓아라. 나를 좀 놓아라" 하고 소리쳤습니다.

그 광경을 지켜본 수행자가 어이없다는 얼굴로 물었습니다.

"아니, 스님. 스님께서 나무를 붙들었지 나무가 스님을 붙들지 않았는데, 왜 나무더러 놓으라고 하시나요?"

그랬더니 큰스님이 "그러냐?" 하고는 크게 웃었습니다.

상황이 우리를 힘들게 하는 것이 아니라 우리가 상황을 끌어안고서 힘들다고 아우성치는 것을 보여주는 이야기입니다.

저는 오랫동안 술에 대해 부정적으로 생각했습니다.

술이라는 고약한 음식이 왜 생겼으며 누가 만들었는지, 이 지구에서 모두 사라졌으면 좋겠다고 생각했습니다. 술을 매일같이 드시던 아버지로 인해 생긴 트라우마입니다.

그런데 어느 해 여름, 미술대 교수님이 작업에 집중하고 싶다며 저희 절에 머무르게 되었습니다. 그분은 애주가였나 봅니다. 이 세상에 술같이 좋은 음식이 없다며 입에 침이 마르게 칭찬했습니다. 저는 격렬하게 반대했습니다.

"술같이 좋은 음식이 없다고요? 저는 술같이 나쁜 음식이 없다고 생각하는데요?"

"스님, 아닙니다. 술이 얼마나 좋은 음식인데요. 저는 마누라하고 이혼하려고 생각하다가도 술만 먹으면 다 용서가 됩니다. 만약 술이 없다면 세상은 더 흉악하고 각박해졌을 겁니다."

"왜요?"

"술을 마시면 쌓인 감정들이 풀리기도 하고, 할 수 없는 말들도 용기를 내 할 수 있으니까요."

저는 뒤통수를 한 대 얻어맞은 듯 한동안 말을 잃고 생각에 잠겼습니다. 술이 나쁜 음식이라는 것은 나의 편견이었던가!

어느 날 저는 배를 타고 드넓은 바다를 보면서 아이처럼 좋아했습니다. 그러자 옆에 있던 분이 말했습니다.

"스님, 바다가 그렇게 좋으세요? 저는 바다를 생각하면 지난 고통과 아픔이 떠오릅니다."

"왜요?"

"저는 고향이 섬인데, 중학교 때부터 육지에서 공부했어요. 집에 한 번씩 다녀오려면 무거운 짐을 들고 배를 타는 것이 너무 힘들었거든요. 제 여동생들은 교복을 정성껏 다려 입고는 배에서 부대끼다 내리면 다 구겨져서 애를 먹었지요. 또 또래 친구들과 아버지의 제삿날이 모두 같았습니다. 배가 침몰하는 사고로 함께 돌아가셨거든요."

저는 그때 깨달았습니다.

술이나 바다는 그냥 술이고 바다일 뿐인데, 우리가 인연 따라 이러 쿵저러쿵 판단하고 평가한다는 것을 말입니다. 사건이나 상황이 우 리를 고통스럽게 하는 것이 아닙니다. 우리가 어떤 사건이나 상황에 마음을 척 갖다 붙이고는 힘들다고 아프다고 아우성치는 것입니다.

어떤 사람에게는 시끄러운 음악이 다른 사람에게는 기쁨의 원천 이 될 수도 있습니다. 같은 음악이라도 어떤 날은 좋게 들리는데, 어 떤 날은 시끄럽게 들리기도 합니다. 이혼도 원치 않을 때는 큰 아픔 이 되지만, 원하는 사람에게는 해방이 되기도 합니다.

행자 시절에 배운 《치문》에 이런 구절이 있습니다.

마음을 사건이나 상황에 붙이지 않는다면
그것들이 어찌 사람을 힘들게 하리오.
저 법성法性이 흐르는 대로 맡겨서
끊으려고도 하지 말고 이으려고도 하지 말라.

예를 들어 암에 걸렸다면 그뿐입니다. 암이 우리를 힘들게 하지는 않습니다. 건강한 것을 좋아하고 죽는 것을 두려워하는 것. 바로 분 별하는 마음이 문제입니다. 암 자체가 우리를 힘들게 하지 못합니다.

사업이 망했다고 가정해볼까요. 망한 사업이 우리를 힘들게 하지는 않습니다. 부유한 것을 좋아하고 가난한 것을 싫어하는 우리 마음이 문제입니다. 좋다고 생각하고 끌어당기는 마음이 문제이고, 싫다고 판단하고 밀어내는 마음이 문제입니다. 끌어당김은 탐하는 마음이요, 밀어냄은 화내는 마음입니다.

법성, 즉 우주 만물이 흐르는 대로 맡겨서 끊으려고도 하지 말고 이으려고도 하지 않을 때, 우리 마음은 고요해지고 평화로워집니다. 즉, 열반에 이르는 것입니다.

기린의
대화

서울에서 고등학교를 다니고 있는 태풍이가 먼 전
남까지 내려와서 청소년 상담캠프에 참여했습니다. 그런데 아이가
너무도 산만합니다. 제가 프로그램을 진행하고 있는데 누운 듯 앉은
듯 비스듬한 자세입니다. 몇 번 주의를 주어도 고쳐지지 않아서 프
로그램을 계속 진행하기로 했습니다.

각자 불편한 사건 사례를 탐색해보는 시간이었습니다.

태풍이는 어머니의 언어폭력에 화가 난다고 했습니다. 그래서 구
체적으로 어떤 말에 그렇게 화가 나는지 물었더니 어머니가 친구들
을 '쓰레기 같은 놈'이라 말한다고 합니다.

우리는 그 상황을 재연해보기로 했습니다.

학원 수업이 끝날 시간이 되면 어머니가 차를 몰고 태풍이를 데리러 옵니다. 어머니는 친구들이 있을 때는 아주 교양 있게 "태풍아, 어서 타" 하고는 태풍이가 조수석에 앉고 나면 그때부터 욕을 하기 시작한다고 합니다.

"야, 이 새끼야. 저런 쓰레기 같은 놈들하고만 친구 하니?"

아이는 천연스럽게 어머니의 욕을 그대로 따라 합니다. 저는 속으로 무척 놀랐습니다.

"그럴 때 너는 어떻게 하니?"

"처음에는 대들었는데 이제는 내버려둬요. 하고 싶은 대로 하라고요. 하고 싶은 대로 다 해야 끝나거든요."

말투와는 다르게 분노를 참고 있는 태풍이는 몸과 마음이 피폐해지고 있었던 것입니다. 부모의 언어폭력은 아이의 마음과 함께 몸도 피폐하게 합니다. 태풍이는 키가 크지만 몸이 단단하지 못하고 힘이 하나도 없어 보입니다. 그리고 자세를 꼿꼿하게 세우지 못합니다.

저는 태풍이에게 비폭력 대화를 가르쳐주기로 했습니다.

비폭력 대화란 평화의 대화, 연민의 대화, 기린의 대화라고도 합니다. 성질이 온순한 기린은 상대를 먼저 공격하지 않지만, 상대가 공격해오면 암수가 힘을 합해 과감하게 대응합니다. 저는 태풍이에게 말했습니다.

"어머니가 언어폭력을 할 때 네가 아무 말도 안 하는 것은 너를 지키는 게 아니야. 어머니를 공격하지 않으면서 너를 지키는 대화, 즉 기린의 대화를 해보렴. 앞으로는 이렇게 말해보자. '엄마는 제가 공부를 열심히 하는 친구들을 사귀기를 바라는데, 엄마가 보기에 껄렁껄렁한 친구들만 사귀는 것 같아 실망스럽고 속상하세요? 그런데 엄마가 제 친구들을 쓰레기 같은 놈이라고 하실 때마다 저도 너무 속상하고 화가 나요. 저도 친구들과 함께 쓰레기가 되는 기분이거든요. 엄마가 제 친구들을 좀 존중해주고 인정해주셨으면 좋겠어요'라고 말이야."

물론 비폭력 대화는 쉽지 않습니다. 왜냐하면 우리는 폭력적인 자칼의 대화에 익숙하기 때문입니다. 그러나 반드시 익혀야 할 대화법입니다.

부모들은 자기가 평소에 쓰는 대화법이 아이들에게 얼마나 큰 상처를 주고, 아이들의 마음의 문을 닫게 하는지 잘 모릅니다. 가장 가까운 가족에게 상처를 주는 폭력적인 언어들! 기린의 대화로 소통하면 갈등도 사라질 것입니다.

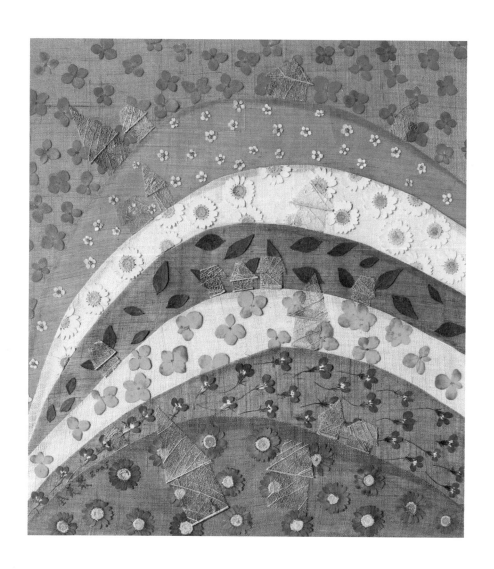

무지개, 36×33cm, 모시 · 수국 · 조팝 · 로벨리아 · 산초나무잎, 2005

낮출수록
높아지는 마음

상담 워크숍을 진행하는 스님이 아침 첫 시간부터 지난밤 강의에서 하신 말씀에 대해 사과했습니다.

"어제저녁에 제가 한 말을 가만히 돌이켜보니 참 잘못했다는 생각이 듭니다. 본인 입장에서는 그럴 수밖에 없는 사정이 있었을 텐데, 제가 그 입장을 헤아려보지도 않고 내가 답답하다고 꾸지람한 것 같아서 정말 미안합니다. 마음에 상처가 되었을 것 같습니다. 깊이 용서를 빕니다."

스님이 정중하고 진지하게 사과하시는 모습을 보고 있으니 울컥했습니다.

일흔 살이 훌쩍 넘은 어르신이 많은 사람 앞에서 사과하시는 용기가 멋졌습니다. 겸허하게 자신의 행동을 돌아보고 대중에게 참회하는 자세가 실로 존경스럽고 감동적이었습니다. 그 모습이 아름다워서 눈물이 났습니다.

'진정한 권위는 인품에서 나오는 것이구나' 하는 생각에 절로 고개가 숙여졌습니다. 진정한 수행자라면 저런 모습이어야 하지 않을까 생각해보는 계기였습니다.

그때 제 내면에서 누군가에게 꼭 사과받고 싶어 했던 욕구가 느껴졌습니다. 동시에 저도 누군가에게 사과하지 않은 부끄럽기 짝이 없는 일이 생각났습니다.

얼마 전 툭하면 집에 가겠다고 으름장을 놓는 공양주 보살님에게 크게 화낸 일이 있었습니다. 마음속으로 잘못했다고 생각하면서도 사과하지 않고 뭉개고 있는 저를 돌아보았습니다. '용기가 없어서', '나는 스님이니까', '그녀가 그 일을 다시 꺼내지 않으니까', '이미 지난 일이니까…'. 참 핑계도 많습니다.

사과는 부끄러운 일이 아니고 오히려 인품을 높이는데도, 왜 이렇게 어려울까요? 나를 낮추는 것이 싫어서일까요? 그놈의 알량한 자존심 때문일까요?

나를 낮추고 상대방을 대할 때, 상대방의 마음 깊은 곳에서 존경심이 우러나옵니다.

낮출 수 없는 데까지 나를 낮추고 또 낮추세요. 어느 날 가장 높은 곳에 올라 있을 것입니다.

나는 나,
너는 너

제가 초등학생 때 읽었던 옛날이야기입니다. 까마득히 오래전에 본 것인데도 아직 기억에 남아 있습니다.

아버지와 아들이 소 한 마리를 끌고 길을 가다가 어느 마을 앞을 지나게 되었습니다. 부자를 본 마을 사람들이 혀를 끌끌 차면서 말했습니다.

"저 사람들 참 멍청하구먼! 왜 힘들게 소를 끌고 갈까. 타고 가면 편할 텐데."

이 말을 들은 아버지가 아들에게 말했습니다.

"아들아. 남들이 흉보니까 안 되겠다. 소를 타고 가자."

아버지는 소를 타고 아들은 고삐를 잡고 그렇게 다른 마을을 지나게 되었습니다. 그런데 그 마을 앞에 한 무리의 아낙네가 부자를 보고는 손가락질하면서 말했습니다.

"쯧쯧, 저 인정머리 없는 어른을 보게나. 어린애를 태워야지. 어른은 편하게 소를 타고 가고, 애는 힘들게 걷게 하네."

이 말을 들은 아버지는 "안 되겠다. 네가 소를 타라" 하면서 아들을 소에 태우고 자기는 걸어서 다른 마을을 지나게 되었습니다. 그런데 그 마을 앞 정자에 앉아 있던 어르신들이 그 광경을 보더니 버럭 화를 냈습니다.

"아니, 저런 버르장머리 없는 놈을 봤나! 어린 녀석은 소를 타고 아비를 걸어가게 하다니. 요즘 애들은 버릇이 없다니까."

이번에는 할 수 없이 아버지와 아들이 함께 소 등에 올라탔습니다. 또다시 어느 마을 앞을 지날 때 한 무리의 농부를 만났습니다. 그 농부들이 손가락질하며 말했습니다.

"아무리 말 못 하는 짐승이라도 너무하시는구면. 소가 얼마나 힘이 들까."

부자는 고민 끝에 소를 메고 가기로 했습니다. 그렇게 소의 다리를 통나무에 묶어서 힘겹게 메고 개울을 건너다 부자와 소가 모두 물에 풍덩 빠지고 말았다는 이야기입니다.

남들의 평가에 휘둘리다가는 큰 낭패를 본다는 것을 보여줍니다. 사람은 대부분 남들이 좋게 봐주면 자기를 쓸모 있는 사람이라고 생각하고, 남들이 나쁘게 보면 자기를 값어치 없는 사람이라고 여기는 것 같습니다.

하지만 남들의 평가는 그 사람의 기준일 뿐입니다. 사람은 저마다 자기만의 잣대를 가지고 있는데, 모두 다른 잣대를 무슨 수로 맞출 수 있을까요? 또 반드시 그 기준에 맞출 필요가 있을까요?

나는 나, 당신은 당신.
나는 나의 일을 하고
당신은 당신의 일을 합니다.
내가 이 세상에 존재하는 것은
당신의 기대에 맞추기 위함이 아니고
당신이 이 세상에 존재하는 것도
나의 기대에 맞추기 위함이 아닙니다.

나는 나, 당신은 당신.
어쩌다 우리가 서로를 알게 된다면
그것은 참 멋진 일입니다.

만약 그렇지 못한다고 해도

그것은 어쩔 수 없는 일입니다.

—프레드릭 펄스, 〈게슈탈트 기도문〉

무장해제
대화법

지인들과 함께 승용차를 타고 가는데

사제 스님이 제게 물었습니다.

"스님은 나 없으면 혼자 어떻게 살래?"

하고 장난스럽게 말입니다.

사제 스님과 저는 혼자 살기 힘든 절 살림에서

이십여 년간 서로를 의지하며 지내왔거든요.

저는 잠깐 망설이다 대답했습니다.

"스님도 나 없으면 혼자 살기 힘들잖아. 마찬가지지."

그러자 옆자리에 있던 호호 아줌마가 말했습니다.

"우리 남편은 내가 그렇게 말하면

'큰일 나지. 나는 혼자 못 살아'라고 한답니다."

잠깐 웃었지만 제가 한방 먹은 느낌입니다.

자의식이 강할수록 상대방의 말에

방어나 반박을 하게 됩니다.

그러면 대화가 삭막해지고 끊어지며,

자칫 어색해지기도 합니다.

무장해제 대화법.

상대방이 하는 말에

방어하지 않고 그대로 인정한 뒤

그 말에서 진실을 찾으려고 하는 대화법입니다.

저는 그날 앞으로 대화할 때

무장해제 기법을 쓰겠다고 다짐했습니다.

며칠 후 상담 워크숍에 가서

다섯 명이 한방을 쓰게 되었습니다.

아침에 어떤 스님이 제게 말했습니다.

"지오 스님, 밤새 코를 골던데요?"

저는 또 본능적으로 방어합니다.

"나는 스님이 코 고는 소리에

한참 뒤척이다 잠들었는데?"

저런, 또 실패입니다.

습관적인 방어!

그러나 금세 알아차리고 사과합니다.

"아이고. 제가 무장해제 대화법을 쓰려고 하는데 놓쳤네요.

'맞아요. 내가 코를 좀 심하게 골지요?'

라고 했으면 좋았을 텐데."

함께 있던 사람이 모두 환하게 웃었습니다.

제가 아는 보살님은 어린 시절

아버지의 말씀이 떨어지자마자

바로 행동하지 않으면 꾸지람을 들었다고 합니다.

그렇게 무서운 아버지 밑에서 자라서인지

보살님은 저와 함께 일을 할 때면

자기가 하던 일을 내팽개치고

부산스러울 정도로 안절부절못하곤 했습니다.

저를 도우려고 그러는 줄 알면서도 몹시 산만하기에

그만 보살님에게 짜증스럽게 말했습니다.

"보살님, 이제 무서운 아버지 안 계시니까

침착하게, 천천히 좀 하세요."

그랬더니 보살님이 말했습니다.

"맞아요, 스님. 제가 침착하지 못하고 산만하지요?

이제는 아버지가 돌아가셔서 안 그래도 되는데,

또 안 그러려고 하는데 습관이 이렇게 무섭네요."

보살님의 무장해제 대화법에

짜증 낸 일이 미안하고 민망했습니다.

무장해제 대화법은 이렇게 서로를 편안하게 하는데,

왜 쉽지 않을까요.

관계가 풀리는
대화법

TV 토크 프로그램에

부모님과 함께 참여한 고등학생 아들이 나와 말했습니다.

"제가 어릴 때 아버지가 어머니한테 소리 지르고

거칠게 대하는 게 너무 싫고 화가 났어요.

그런데 지금은 제가 어머니를 그렇게 대해요.

예를 들면, 어머니는 쓰레기 버리라는 말을

1분 동안 쉬지 않고 계속하시거든요.

그러면 저도 잔소리를 듣다가

갑자기 화가 나서 막 대들어요.

안 그러고 싶은데, 그게 잘 안 돼요."

그러자 패널로 초대된 분이 말했습니다.

"어머니가 같은 말을 계속할 수밖에 없는 원인이

자신에게 있는지 생각해봐야 해요."

현명한 해법을 주는 것 같지만,

실은 대화의 가장 나쁜 방법인

'가르치기'를 사용하고 있습니다.

이럴 때 학생과 부모가 모두 통찰할 수 있는

좋은 대화법이 있습니다.

"어릴 때 아버지가 어머니에게 친절하지 못한 것을 보고

너무 속상하고 싫었는데,

지금 본인이 꼭 아버지처럼 행동해서

화가 난다는 거지요?

그래서 아이들은 가르치는 대로 하지 않고

보는 대로 한다는 말이 있습니다.

아버지의 행동을 보고 '난 안 그래야지' 했는데,

자기도 모르게 따라 하고 있으니

얼마나 자기가 실망스럽겠어요.

또 어머니가 명령조로 쉬지 않고 말씀하시니까

짜증이 나서 대들게 되고,

그러고 나면 또 후회가 되죠?"

학생이 "맞아요"라고 대답하겠지요.

"그래요. 충분히 이해가 돼요.

그러면 엄마한테 이렇게 부탁드려보면 어떨까요?

'엄마. 그렇게 명령조로 말씀하시니까

하고 싶은 마음이 달아나요.

천천히 부탁하듯 말씀해주시면 좋겠어요'라고요. 어때요?"

질문한 학생도 충분히 공감하고

어머니, 아버지도 비난받지 않고 자기를 통찰할 수 있는

좋은 계기가 될 것입니다.

인간관계를 원활하게 하는 대화법에는

세 가지 원칙이 있습니다.

첫째는 그 사람이 한 말을 요약해서

'거울처럼 되돌려주는 것'입니다.

"아, 무엇무엇 하다는 말씀이군요?"

"아, 무엇무엇 하셨군요."

이런 대화는 '제가 잘 들었나요?'라는 메시지를

간접적으로 전달하는 것입니다.

상담 공부를 처음 시작하는 분들은

듣기가 말하기보다 훨씬 어렵다고 합니다.

남의 이야기를 잘 들으려면

그 사람에게 온전히 집중해야 하기 때문입니다.

잘 듣는다는 것은 귀로만 듣는 것이 아닙니다.

눈빛과 자세 등 온몸으로 반응하며 잘 들어야 합니다.

둘째는 해결사 노릇을 해서는 안 됩니다.

상대방의 문제를 해결해주려고 하지 마세요.

제가 예전에 가장 많이 저질렀던 실수입니다.

누군가 제게 고민을 얘기하는 동안

저는 머릿속으로 생각합니다.

'내가 무슨 답을 줘야 할까?'

'이 사람에게는 어떤 게 가장 현명한 답일까?'

그리고 나서 기껏 한다는 얘기가

"108배를 해보세요."

"전생의 업이라 생각하세요."

가장 어리석은 답을 주고 말았습니다.

사람마다 해답이 같을 수 없습니다.

내가 가장 현명하다고 생각하는 답이,

상대방에게는 전혀 도움이 되지 못하기도 합니다.

살아온 역사가 다르고, 생각이 다르고,

환경이 다르기 때문입니다.

내게는 별일 아닌 일이 상대방에게는

심각한 문제일 수 있습니다.

셋째는 가르치려고 하면 안 됩니다.

'나는 어른이고 너는 어린아이야.' 이런 태도로

가르치려고 들면 반감만 살 뿐입니다.

일전에 상담 교사 워크숍에서

강의를 끝내고 소감 나누기를 하는데,

어느 선생님이 고민 상담을 했습니다.

한 학생이 상담실에 와서

어머니가 욕하고 때린 이야기를 했을 때,

"네 엄마는 네가 미워서 그랬겠니?

너 잘되라고 그랬겠지"라고 답했다고요.

그 선생님은 학생에게 '충고'한 셈입니다.

가르침을 받을 준비가 되지 않은 사람에게

가르치려는 말은 귀에 들어오지 않습니다.

잔소리꾼에 꼰대가 될 뿐입니다.

그러면 어떻게 하느냐고요?

'감정 공감해주기'를 하면 됩니다.

사람을 변화시키는 것은 가르침이 아니라 공감이거든요.

어느 분이 남편에 대해 불만을 털어놓습니다.

"아이고, 이 인간이 오늘도 술 먹고 새벽에 들어왔잖아.

징글징글하다니까. 내가 못살겠어!"

그러자 옆에 있던 사람이 말합니다.

"당신은 그런 말 하지도 마.

그래도 당신 남편은 부처님 가운데 토막이야.

우리 남편은 더해."

그러자 처음에 말했던 사람이 화를 냅니다.

"도대체 언니하고는 말이 안 통해. 말하기 싫어."

그러곤 입을 굳게 다물어버립니다.

분위기가 냉랭해지는 데 단 1초밖에 걸리지 않았습니다.

우리는 내가 하고 싶은 말을 충분히 하는 것만으로

마음이 후련해질 때가 많습니다.

혼자 말하다가 해답을 찾기도 하지요.

인간관계를 잘 끌어나가는 대화법은
상대방이 하고 싶은 말을 충분히 할 수 있도록
유도해주는 것입니다.
상대편에서 그의 감정을 느끼며
맞장구쳐주고 공감해주면 됩니다.

그래도 잘 안되면 눈을 맞추고
"그래, 그래", "맞아, 맞아" 하고
고개만 끄떡여주어도 많은 위로가 됩니다.

PART 3

마음에
길을 묻다

마음이 일으키는 수많은 생각은 '내 것'이 아닙니다.
끊임없이 일어났다 사라지는 마음의 현상들을 객관적으로 보세요.
그것을 관리하는 지혜도 자연스럽게 생겨납니다.

힘이 없으면
무시당할 거야

그분은 카리스마 있고 추진력이 강하며, 인정이 많은 분이었습니다. 저와 각별하게 지냈는데 그만 암으로 세상을 떠나셨어요. 그런데 그분이 돌아가시고 나자 뜻밖에도 그에 대한 평가가 극단적으로 나뉘었습니다.

다정하고 의리 있는 좋은 사람이었다는 평가와, 포악하고 자기중심적이며 자기 마음에 안 들면 아무 데서나 소리 지르고 남을 모욕하는 고약한 사람이었다는 평가로 엇갈렸습니다.

사람의 성격을 아홉 가지 유형으로 나누어보는 에니어그램에서는 이런 성격을 '도전자' 유형이라고 합니다.

도전자 유형은 보스의 기질을 가지고 있는 강력한 에너지의 소유자입니다. 추진력이 강하고 자기중심적이며, 상대를 통제하고 싶어 합니다. 명령을 내리면 즉시 수행되기를 바라고, 돌려서 이야기하는 것을 좋아하지 않아서 직선적으로 말하는 스타일이지요. 그래서 적을 만드는 경향이 있습니다.

하지만 건강한 상태가 되면 다른 사람의 아픔을 이해할 줄 알고, 내면에 숨겨진 부드러움이 드러나는 의리파이기도 합니다.

이런 분들은 사실 어린 시절에 무시당했던 아픈 경험을 가지고 있습니다. 얼마 전 돌아가신 그분도 아버지를 일찍 여의고 홀어머니 밑에서 어렵게 자랐습니다. 아마도 무의식중에, 남들에게 무시당한 일을 앙갚음해주고 싶은 욕구가 있었을 것입니다. 또 내면의 약한 모습을 들킬까 봐 허세를 부리고 힘을 과시했을 것입니다.

상대방을 통제하려 들고 힘에 집착하는 사람일수록, 사실은 아주 약하고 부드러운 모습을 꽁꽁 숨기고 있습니다. 그들은 내면의 아픈 상처를 보호하려고 분노의 갑옷을 입고 있거든요.

혹시 당신이 그런 사람이라면 남을 통제하려는 생각부터 내려놓아야 합니다. 그리고 다른 사람들의 비협조적인 태도가 당신의 행동에서 비롯되었다는 것을 깨달아야 합니다. 내 아픔을 드러내고 솔직하게 다가갈 때, 비로소 사람들이 나에게 마음을 열게 되거든요.

혹시 당신의 직장 상사가 그런 성격이라면 두려워하지 마세요. 화가 풀리기를 조금 기다렸다가 "커피 한잔 드릴까요?"라고 말을 건넨다면 화가 봄눈 녹듯이 사르르 녹아버릴 테니까요. 이런 성향을 가진 사람들은 오히려 연민의 마음으로 바라보아야 내가 한결 편안해집니다.

관계가 깊어지는 게
두려워요

라벤더 님은 참 씩씩하고 활동적인 사람입니다.

그런 그녀에게도 말 못 할 어려움이 있었습니다. 그녀는 낯선 사람을 만나는 것을 너무나 두려워합니다. 그래서 낯선 사람이 자기를 찾아오면 숨어버리거나 사람들이 갈 때까지 숨어 있다고 합니다.

여러 명이 함께 식당에 가면 일행 중 누군가가 큰소리로 웃거나 떠들 때 가슴이 콩알만 해진다고 합니다. 식당 주인이 시끄럽다고 쫓아낼까 봐 지레 겁먹는 것입니다. 그래서 그녀는 여럿이 어울려 다니는 것을 극도로 싫어했습니다.

라벤더 님은 친한 사람 두세 명과만 어울리는, 사회성이 상당히 떨어지는 모습을 보였습니다. 그녀는 낯가리는 성격 때문에 남들에게 오해 사는 일이 잦다 보니 늘 억울하다고 했습니다.

우리는 함께 그 원인을 파악해보기로 했습니다.

최근 불편했던 상황을 떠올리고, 그때와 똑같이 느꼈던 어린 시절을 회상하게 했습니다. 그녀는 아버지와 어머니가 심하게 다투는 장면을 떠올렸습니다. 매일 술 먹고 와서 집안 세간을 부수며 어머니를 때리고 욕하는 아버지와 그에 맞서 싸우는 어머니. 그 사이에서 어쩔 줄 몰라 하는 불안한 어린아이.

아이가 하루는 부모님의 싸움을 말리기 위해 옆집 아주머니에게 도움을 청했습니다. 그런데 그것이 그만 아버지와 아주머니의 다툼으로 비화하면서 큰 싸움이 되고 말았습니다. 그때 아이는 생각했습니다. '동네 사람들이 우리 집을 욕할 거야. 매일 싸운다고 흉볼 거야. 우리 집은 너무 창피해.'

이 생각이 어른이 된 지금도 무의식적으로 작동해 사회불안장애를 일으키는 것이었습니다. 우리는 그녀의 왜곡된 신념, 즉 '사람들이 우리 집을 흉볼 것'이라는 신념이 정당한 것인지 생각해보기로 했습니다.

저는 라벤더 님에게 물었습니다.

"동네 사람들이 라벤더 님의 가족들을 흉보고 욕했나요? 혹시 그 증거가 될 만한 일이 있었나요?"

그녀는 한동안 생각하더니 입을 뗐습니다.

"그런 일은 없었어요. 오히려 제가 인사를 잘하고 공부도 잘한다고 칭찬을 많이 들었어요. 그리고 어머니가 워낙 손재주가 좋으셔서 동네잔치가 있으면 꼭 이웃들이 찾아와 어머니를 데려가곤 했어요."

"그러면 동네 사람들이 라벤더 님의 가족들을 손가락질하거나 욕한 일은 없었네요?"

"맞네요. 그렇다면 단지 제 생각일 뿐일까요?"

"맞습니다. 라벤더 님 혼자만의 생각일 뿐입니다. 왜곡된 생각이지요."

그녀는 안도의 한숨을 길게 내쉬었습니다.

상담을 몇 차례 진행한 이후에도 그녀는 습관적으로 불안이 차오르는 것을 느낄 때가 있었습니다. 그러나 이제 원인을 알았으니 이전처럼 두렵지는 않다고 합니다.

아이들에게 부모의 싸움은 엄청난 충격입니다. 부모가 싸울 때 아이가 느끼는 불안과 공포는 아이의 마음속에 그대로 남게 됩니다. 성장하면서도 종종 불안과 우울을 경험하며, 자존감이 저하되는 원인이 되기도 합니다.

　그런데 사실 부부가 어떻게 안 싸우고 살겠어요. 꼭 싸울 일이 있으면 싸우세요. 다만, 아이들이 보지 않는 곳에서 싸워야 합니다. 정서가 안정된 자녀를 원한다면 말입니다.

달빛 연서1, 61×45.7cm, 자작나무껍질 · 포도나무껍질 · 코스모스씨앗 · 단풍나무씨앗 · 금박, 2014

나도 남만큼
중요해요

하루는 나무 님이 눈물을 글썽이며 말했습니다.

"스님, 저는 왜 이렇게 살까요? 요즘 너무 슬프고 허망해요. 왜 이러는지 저도 잘 모르겠어요. 남편도 잘해주고 시어머니도 잘해주는데, 딱히 무엇 때문이라고 말할 게 없는데도 매일 눈물만 나오고 죽고 싶어요.

남편에게 말하니까 돈을 주면서 마음대로 쓰고 오라더군요. 그러면서 '당신은 돈을 줘도 잘 못 쓰잖아'라고 하데요. 평생 남들에게 잘하려고 무진 애를 쓰며 살았는데, 저는 왜 이렇게 외롭고 허전할까요. 정말 왜 이렇게 못났을까요…"

눈물을 글썽거리는 나무 님을 보면서 빈둥지증후군이 의심되었습니다.

저는 나무 님에게 물었습니다.

"혹시 어린 시절 어머니가 고생하는 것이 불쌍하고 안타까워서 항상 어머니를 도와드려야겠다고 생각했나요? 정작 나무 님은 하고 싶은 게 있어도 말을 못 하고 참으며 살았고요?"

"맞아요! 아버지가 일찍 돌아가시고 어머니 혼자서 우리 다섯 남매를 키우느라 너무 고생하셨거든요. 저는 철이 일찍 들어서 어머니를 도와드려야 한다는 생각밖에 없었어요. 그래서 집안일을 열심히 했어요. 지친 몸으로 퇴근한 어머니가 깨끗한 집을 보면서 좋아하시는 모습을 보면 저도 무척 행복했으니까요. 제가 하고 싶은 일이나 사고 싶은 게 있어도 어머니에게 말하면 마음 아파하실까 봐 꾹 참고 살았어요."

"그랬군요. 그래서 어른이 된 지금도 항상 다른 사람에게 초점을 맞추고 사는 거군요. 자기는 돌보지 않고…."

"네, 저를 위해서는 신발 한 켤레도 좋은 것을 사보지 않았어요. 항상 남들이 입다 버린 헌 옷만 입었고, 좋은 음식 하나 못 사 먹고 살았어요. 저만을 위해 사는 것은 너무 아깝잖아요."

"그래요. 그게 빈둥지증후군이라는 거예요. 그동안 나무 님은 가족들만 생각하고 살았는데, 이제 아이들이 다 커서 떠나고 둥지에 홀로 남게 되었으니 허전하고 외로워 헛살았다는 생각만 들고요. 그런가요?"

"네, 맞아요."

그녀는 이제야 원인을 알았다며 손뼉을 치고 좋아했습니다.

저는 두 주먹을 쥐고 그녀 앞에 내보였습니다.

"자! 오른손은 나, 왼손은 다른 사람. 내가 더 중요해요. 남이 더 중요해요?"

나무 님은 눈을 껌벅거리며 잠시 생각했습니다.

"여태껏 저는 저보다 남들이 더 중요하다고 생각하고 살았어요."

"나와 남은 균형이 맞아야 해요. 남이 중요한 만큼 나도 중요하고, 내가 중요한 만큼 남들도 중요해요. 나만 중요하다고 생각하면 남들이 나를 싫어하고, 남들만 중요하다고 생각하면 내가 공허해져요. 이제부터는 남들만 생각하지 말고 나에게도 잘해주세요. 나를 위하며 사는 것은 어렵지 않아요."

그리고 분위기 좋은 카페에 들어가 다른 사람에게 커피를 대접하

듯이 나무 님 자신에게도 맛있는 커피 한잔을 대접하라고 했습니다.

그러고 나서 자기에게 이렇게 말하라고 당부했습니다.

"나무야, 너 오늘 수고했어. 내가 커피 한잔 사줄게."

"나무야, 너 참 장하다. 그건 너니까 할 수 있는 일이야."

"나무야, 애썼어. 그 보답으로 좋은 신발 한 켤레 사줄게."

이럴 때 우리는 위로받고 행복해집니다.

오늘도 묵묵히 하루를 견뎌낸 나에게 커피 한잔 대접하세요.

생각의 덫에서
벗어나고 싶을 때

우리의 생각은 사실일까요?

우리의 생각이 사실인가를

실험해보려고 합니다.

자! 눈을 감고 편안하게 앉습니다.

그리고 호흡에 집중해봅니다.

천천히 들숨과 날숨을 느껴봅니다.

당신 주변의 어떤

한 사람을 떠올려보세요.

누구라도 상관없습니다.

그 사람의 모습을 생각합니다.

'그 사람은 능력이 있다'라고 꼬리표를 붙여봅니다.

그리고 그 사람을 느껴보세요.

이제 '그 사람은 능력이 없다'라고 꼬리표를 붙여봅니다.

그리고 그 사람을 느껴보세요.

어떤가요?

'능력 있다'라는 꼬리표를 붙이면,

그 사람의 유능했던 모습들이 생각나고

'능력 없다'라는 꼬리표를 붙이면,

그 사람의 무능했던 모습들이 생각납니다.

그렇다면 그 사람은 유능한 사람일까요,

무능한 사람일까요?

또 다른 실험을 해보겠습니다.

당신이 시험에 수석으로

합격했다는 기쁜 소식을 들었습니다.

기분이 몹시 좋아서

이 소식을 빨리 전하려고 집으로 가는 길에,

저만치 걸어오고 있는 친구가 보입니다.

반가워서 손을 흔들며 인사했는데

친구가 그냥 지나가버립니다.

무슨 생각이 드나요?

나를 험담한 친구와 심하게 다투었습니다.

기분이 나빠서 씩씩거리며 걷고 있는데,

저만치 걸어오고 있는 다른 친구가 보입니다.

손을 들고 인사했는데 친구가 그냥 지나가버립니다.

무슨 생각이 드나요?

첫 장면에서 든 생각과

다음 장면에서 든 생각이 같은가요, 다른가요?

친구는 나를 못 본 것일까요,

아니면 나를 무시한 것일까요?

진실은 무엇일까요?

사실은 나도 알 수 없습니다.

생각이란,

일어났다 사라지는

물거품 같은 것!

고민을
떨쳐버리고 싶을 때

지금 당신을 압박하는 문제가 있나요?

또는 해결되지 않는 걱정거리가 있나요?

오랜 고민 탓에 마음이 무거운가요?

고민을 한 방에 날려드리겠습니다.

저를 따라 해보세요!

내가 서 있는 곳에서 열 발짝쯤 앞에

목적지를 정해둡니다.

그리고 출발선에 섭니다.

현재의 고민이나 걱정거리를 떠올려보세요.

목적지를 향해 한 발짝 전진합니다.

이때 생각해봅니다.

'내가 지금 가지고 있는 고민보다

더 나쁜 일이 일어난다면?'

그리고 그 나쁜 일을

구체적으로 상상해봅니다.

다시 한 발짝 앞으로 내딛습니다.

이때 생각해봅니다.

'이보다 더 큰 걱정거리가 생긴다면?'

또 그 나쁜 일이 일어난 상황을

구체적으로 상상해봅니다.

이렇게 세 발짝, 네 발짝 내디딜 때마다

'더 큰일이 일어난다면?' 하고 가정해봅니다.

예를 들어보겠습니다.

내가 지금 취업이 안 돼서

속상하고 무기력합니다.

그 기분을 충분히 느껴보세요.

가슴이 답답하고 힘이 빠지나요?

열 발짝 앞에 목적지를 두고 출발선에 섭니다.

앞으로 한 발짝 내디디며 생각해봅니다.

'만약 내가 암 진단을 받는다면?'

그 기분을 충분히 느껴보세요. 어떤가요?

그리고 앞으로 한 발짝 내디디고

이보다 더 나쁜 일을 생각해봅니다.

'만약 부모님이 교통사고로 갑자기 돌아가신다면?'

있을 수 있는 일입니다.

그 기분을 충분히 느껴보세요. 어떤가요?

자! 다시 한 발짝 더 가봅시다.

이번에는 이보다 더 나쁜 일을 상상해봅니다.

'만약 내가 사고로 다리를 쓸 수 없게 된다면?'

그 기분을 충분히 느껴보세요. 어떤가요?

만약 잘 느껴지지 않는다면 다른 일을 상상하면 됩니다.

우리에게 일어날 수 있는 끔찍한 일들은

얼마든지 많으니까요.

처음 그 걱정이 작게 느껴지나요?

내가 끌어안고 있는 걱정과 고민, 별것 아니지요?

이제 그 걱정이 별것 아니라고 생각한다면

돌아서서 한 발짝씩 감사 인사를 하며 제자리로 돌아옵니다.

'몸이 건강하니 감사합니다.'

'부모님이 살아 계시니 감사합니다.'

어때요. 이제 힘이 좀 나나요?

감사하면 세상은 살맛 납니다.

내 안에 있는
두 마리 개

제자가 스승에게 물었습니다.

"제 안에는 개 두 마리가 사는 것 같습니다. 한 마리는 매사에 긍정적이고 사랑스러우며 온순한 놈입니다. 다른 한 마리는 매사에 부정적이고 아주 사나우며 성질이 나쁜 놈입니다. 이 두 마리가 항상 제 안에서 싸우고 있습니다. 어떤 녀석이 이기게 될까요?"

스승은 잠시 침묵했습니다. 그러고는 짧게 한마디 했습니다.

"네가 먹이를 주는 개가 이길 것이다."

인간 본성에는 연민과 폭력, 사랑과 증오, 이기심과 이타심, 무시와 존중 등 다양한 속성이 공존하고 있습니다. 우리 내면의 여러 본성은 오손도손 잘 지내다가도 극한 상황에 맞닥뜨리면 힘이 센 놈이 먼저 고개를 들게 됩니다.

인품이란 평상시에 닦아서 어려울 때 드러난다고 했습니다. 그러니 평소에 어떤 본성을 잘 먹이고 키우느냐가 중요합니다. 바로 우리가 마주하는 일상의 매 순간이 내 안의 여러 본성들에게 먹이를 주는 순간들입니다. 당신은 어떤 개에게 먹이를 주고 있나요?

우리의 모든 말과 행동은 우리 안에 있는 두 마리 개에게 먹이를 주는 행위입니다. 한순간도 방심하고 함부로 할 수 없는 이유가 여기에 있습니다. '에잇, 한 번쯤이야!' 하고 넘길 수 있겠지만, 사실 한 번이 매우 중요합니다. 처음 한 번은 어렵지만, 두 번은 쉽거든요. 세 번은 더 쉬워지고, 네다섯 번을 하면 습관이 됩니다.

부정적인 개는 참 빠르게 자라는 것 같습니다. 긍정적인 개는 더디 자라는 것 같고요. 하지만 오늘은 당신이 긍정적인 개에게 먹이를 주었기를 바랍니다.

다름은
축복입니다

어느 교수님이 '통합'의 의미를 명쾌하게 풀이했습니다. '구분하되 분리하지 않는 것'이라고요. 그래서 저는 구분과 분리의 사전적 의미를 찾아보았습니다.

구분이란 '사람이 둘 이상의 대상을, 또는 어떤 대상과 다른 대상을 일정한 기준에 따라 구별해서 나누다'라고 정의하고 있습니다. 그렇다면 분리는 무엇일까요?

분리란 '무엇이 다른 무엇과, 또는 무엇이 둘 이상의 무엇으로 서로 나뉘어 떨어지게 되다'라는 뜻입니다. 구분하되 분리하지 않는 것, 즉 통합은 서로 다름을 분명하게 인정하되 나누어 분리하지 않는다는 것입니다.

여자인지 남자인지, 낮인지 밤인지, 진보인지 보수인지, 좌인지 우인지, 전라도인지 경상도인지, 수행자인지 일반인인지.

우리는 서로의 다름을 분명히 인지하고 있습니다. 여기서 더 나아가 다름을 인정하고 둘을 합해야 하나가 되는 것도 알아야 합니다. 이것이 진정한 통합입니다.

요즘 우리 사회를 보면 두려움이 앞섭니다.

서로가 존재해야 내가 존재한다는 사실을 모르는 것일까요? 아니면, 알면서도 서로 공격하지 못해 안달하는 것일까요?

남자가 있어야 여자가 존재합니다. 밤이 있어야 낮이 더 찬란합니다. 진보와 보수는 저울추처럼 균형이 잡혀야 합니다. 진보만 있다면 세상이 혼란해질 것이고, 보수만 있다면 현재에 안주하여 변화가 더디겠지요. 경상도 사람은 대체로 화끈하고, 전라도 사람은 다정다감하다고 합니다. 모든 사람이 다 화끈할 수 없고, 모든 사람이 다 다정다감할 수 없습니다.

세상에 꽃이 장미꽃 한 종류만 있다면, 그 꽃이 과연 아름다울까요? 해바라기, 선인장, 나팔꽃, 진달래, 유채꽃…. 계절마다 피는 꽃이 다르고, 색이 다르고, 향기가 다르니 각각의 꽃이 더 아름답게 보이는 것입니다. 사람도 마찬가지입니다.

세상에 나 같은 사람만 있다면 얼마나 재미없을까요. 세상은 다름이 있어서 조화롭고 살맛 나는 것 아닐까요. 누구나 장단점을 가지고 있습니다. 또 누구나 잘하는 것과 못하는 것, 공로와 과실을 아울러 가지고 있습니다. 그 점을 인정합시다. 누구도 틀린 것이 아니라 다를 뿐입니다.

다름은 크나큰 축복입니다. 내가 보지 못하는 것을 다른 사람의 눈을 통해 볼 수 있으니까요. 내가 느끼지 못하는 것을 다른 사람의 마음을 통해 느낄 수 있으니까요.

우리 다름을 소중하게 생각합시다. 그리고 다른 이의 말에도 귀를 기울여봅시다. 제발!

새와 나무, 40×60cm, 자작나무껍질 · 코스모스씨앗 · 금박, 2008

'때문에'와
'덕분에'

파나소닉, 내쇼날 기업의 설립자이자 일본 재계의 거목으로 불리는 마쓰시다 고노스케 회장에게 기자들이 물었습니다.

"회장님은 어떻게 해서 이토록 거대한 기업을 일으키게 되셨습니까?"

"나에게는 세 가지 유리한 조건이 있었습니다. 첫째는 내가 열한 살 때 부모를 잃은 것이고, 둘째는 내가 초등학교밖에 나오지 않은 것이며(그것도 중퇴), 셋째는 내가 태어날 때부터 병약했던 것입니다. 어릴 때 부모를 잃어서 자립하는 자세를 가질 수 있었고, 초등학교밖에 나오지 않아서 항상 나보다 더 배운 사람들의 말을 경청했으며, 몸이 약해서 건강관리를 잘하다 보니 이렇게 아흔 살이 넘도록 살고 있는 것입니다."

그는 가난 '때문에'라고 탓하지 않았습니다.

오히려 가난 '덕분에' 평생 근검절약해서 부자가 되었다고 말합니다. 그는 배우지 못했기 '때문에'라고 탓하지 않았습니다. 오히려 배우지 못한 '덕분에' 남들보다 하나라도 더 배우려고 온 열정을 쏟았다고 말합니다. 그는 몸이 약했기 '때문에'라고 핑계대지 않았습니다. 오히려 몸이 약했던 '덕분에' 더 조심하고 삼가면서 건강을 챙길 수 있었다고 말합니다.

삶을 대하는 마쓰시다 고노스케 회장의 '때문에'라고 탓하는 것이 아니라, '덕분에'라고 말하는 철저한 긍정의 철학임을 알 수 있습니다.

돌아보면 지금의 나를 만든 것은 슬프고, 외롭고, 죽을 만큼 힘들었던 시간들이지 않았나 생각해봅니다. 당신 '때문에'가 아니라 당신 '덕분에' 내가 이렇게 잘 지낸다고 감사하며 기쁜 마음으로 살면 참 좋겠습니다.

인생의 장애물은 환경이나 조건이 아닙니다. 우리의 앞길을 막는 가장 큰 장애물은 부정적이고 비관적인 생각입니다. 다른 사람이나 환경을 탓하지 마세요. 내 생각과 나 자신을 바꾸면 됩니다.

최후에 우리와
동행하는 것

네 명의 아내를 둔 장자가 있었습니다. 어느 날 장자가 돌아올 기약이 없는 먼 길을 떠나게 되었습니다. 장자는 그 길을 아내와 함께 가고 싶었습니다. 그래서 자신이 가장 아끼고 사랑하는 넷째 아내에게 청했습니다.

"부인, 나와 함께 갑시다."

그러자 뜻밖에도 넷째 아내가 휙 돌아서며 말했습니다.

"싫어요. 가지 않겠어요. 돌아올 기약도 없는 그곳을 제가 왜 따라가겠어요?"

깜짝 놀란 장자가 말했습니다.

"아니, 내가 부인을 얼마나 어여삐 여겼는데…. 당신이 배고프다고 하면 먹을 것을 주고, 춥다고 하면 예쁜 옷을 사주고, 힘들다고 하면 주물러주고, 때때로 보약도 해줬는데 어찌 내게 이럴 수 있소?"

온갖 방법으로 달랬지만 넷째 아내는 남편을 거들떠보지도 않았습니다.

가장 사랑하는 넷째 아내가 거절하자 크게 상심한 장자는 셋째 아내를 찾아가 부탁했습니다. 그런데 셋째 아내도 거절했습니다.

"아니요. 안 가겠습니다. 당신이 가장 사랑하는 넷째 부인도 안 가는데, 제가 왜 따라가겠습니까? 저도 싫습니다."

장자는 어이가 없었습니다.

"아니, 내가 부인을 얻으려고 얼마나 고생했는지 모르오? 잠이 와도 참고, 힘들어도 쉬지 않고 밤낮으로 애써서 부인을 얻었소. 그런데 어찌 당신이 나를 저버린단 말이오."

장자가 아무리 간청해도 셋째 아내 역시 들은 체도 하지 않았습니다.

두 아내에게 배신을 당한 장자는 둘째 아내만큼은 자기 뜻을 따라줄 거라 생각하고 그녀를 찾아갔습니다. 그러나 둘째 아내도 고개를 가로저었습니다.

"저도 따라갈 수 없습니다. 하지만 당신이 제게 주신 정을 봐서 마을 앞까지는 배웅해드릴게요."

기운이 쭉 빠진 장자는 할 수 없이 평소에는 거들떠보지도 않았던 조강지처에게 가서 사정했습니다. 그러자 조강지처가 말했습니다.

"제가 함께 가겠습니다. 당신이 가는 곳이라면 어디든지 함께 따라가겠습니다."

그리하여 장자는 첫째 아내와 함께 먼 길을 떠나게 되었습니다.

장자는 바로 우리의 모습입니다. 돌아올 기약이 없는 먼 길은 '죽음'을 의미합니다. 넷째 아내는 신체, 셋째 아내는 재물입니다. 둘째 아내는 처자와 권속이고, 조강지처는 마음입니다. 죽을 때는 마음만이 우리와 동행합니다.

여명, 65×53cm, 모시·수국·불두화·옥수수껍질·호박덩굴손, 2005

마음은
내 것이 아니다

마음은 '나'도 아니요, '내 것'도 아닙니다. 잠시 눈을 감고 마음의 움직임을 주의 깊게 살펴보면 알 수 있습니다.

'오늘이 며칠이지?', '자동차 소리가 시끄럽네', '아무리 생각해도 기분이 나빠. 어제 그가 한 행동은 나를 무시하는 행위야', '아이, 짜증 나. 하기 싫어', '저 사람 저러면 안 되는데', '이런 쓸데없는 생각 좀 하지 않았으면 좋겠어', '생각 그만하고 잠 좀 자자!'

잠깐 동안 마음이 일으키는 수많은 생각!

그중 어느 것이 나인가요? 어느 것이 내 것인가요?

생각이 나라고 한다면 이 생각할 때가 나인가요, 저 생각할 때가 나인가요?

마음이 내 것이라면 내 뜻대로 할 수 있어야 하는데, 생각하지 말자고 하면 더 생각나는 것은 어떻게 설명할 수 있을까요?

마음이 일으키는 수많은 느낌, 감정, 생각, 갈망이 내가 아니고 또 내 것이 아니라는 진리를 깨쳐야 합니다. 그것들은 인연과 조건이 작용해서 스스로 일어났다가 사라지는 것이며, 그 사라짐이 자연스러운 현상이라는 것도 깨달아야 합니다. 그러려면 마음으로부터 한 발짝 떨어져 현상들을 가만히 지켜보고 알아차리는 훈련을 해야 합니다.

어느 날 문득 '나는 실패자야'라는 생각이 일어납니다. 이때 '나는 실패자'라는 생각과 '나는 실패자라는 생각이 일어나네'의 차이를 느껴봅니다.

'나는 실패자'라는 생각은 나를 옴짝달싹 못하게 만들고 나를 실패자라는 감옥에 가둡니다. 실패자와 나는 한 덩어리가 되고, 주의 집중이 온통 실패자로 쏠립니다.

그러나 '나는 실패자라는 생각이 일어나네'라는 것은 하루에도 열두 번씩 일어났다 사라지는 수많은 생각들 중 하나일 뿐입니다. 일어났다 사라지는 생각임을 알아차리니 생각이 나와 분리됩니다. 마음이 평온해집니다. 그리고 그 못난 생각은 나에게서 떨어져 나가

'강 건너 불구경'이 됩니다.

길을 가는데 연인이 다투고 있습니다.

두 사람은 서로 자기가 옳다고 주장합니다. 하지만 처음부터 길가에서 연인을 지켜본 사람은 그들의 싸움을 객관적으로 볼 수 있습니다.

같은 원리입니다. 마음을 조용히 지켜보면 상황을 훨씬 지혜롭게 볼 수 있습니다. '에잇, 화가 난다'라는 생각과 '마음에서 화라는 것이 올라오네'의 차이도 이와 같습니다. 마음에 올라오는 수많은 생각과 그것을 알아차리는 마음이 어떻게 다른지 구별되나요?

알아차리는 마음은 움직이지 않고, 제자리에서 미소 지을 뿐입니다. 우리는 끊임없이 일어났다 사라지는 마음의 현상들을 지켜볼 뿐입니다. 마음의 현상들을 객관적으로 보세요. 그것을 관리하는 지혜도 자연스럽게 생겨납니다.

감정의
폭류

어느 날 거대한 감정의 폭류가 삽시간에 밀려와 저를 집어삼키고는 사정없이 흔들어댔습니다. 마치 거대한 회오리바람이 말라비틀어진 낙엽을 쓸고 가듯 저를 이리저리 끌고 다니면서 정신을 못 차리게 했습니다.

자기 잘못을 인정하지도, 제게 사과하지도 않는 그를 보면서 감정이 미친 듯이 날뛰기 시작했습니다. 분노, 배신감, 절망감, 슬픔, 외로움….

속이 타서 입이 바짝바짝 마르는데도 물을 마실 생각조차 나지 않았습니다. 밥을 먹지 않아도 배고픔을 몰랐고, 기진맥진해지면 겨우 먹을 것을 찾아 입에 넣었습니다.

몸은 잔뜩 힘이 들어가 있는 듯, 아니면 힘이 다 빠져버린 듯 미세하게 떨렸습니다. 머릿속은 잔뜩 헝클어진 실타래처럼 가닥을 잡을 수 없이 복잡했습니다. 해야 할 일은 많은데 아무것도 하지 못했고, 속수무책으로 시간만 보냈습니다.

호흡에 집중해보기도 하고, 입장을 바꿔서 생각해보기도 했습니다. 감정의 폭류에서 헤어나려고 안간힘을 썼지만 소용이 없었습니다. 도저히 그를 용서할 수 없을 것 같았습니다. 이런 결론에 이르자 저는 더욱 무기력해졌고, 제가 얼마나 못나고 형편없는 존재인가를 깨닫게 되었습니다. 너무 고통스러워서, 가슴이 터져버릴 것 같아서, 누군가에게 말을 해야만 살 수 있을 것 같았습니다.

평소 믿는 도반에게 전화를 걸었습니다. 말보다는 울음이 먼저 나왔습니다. 오랫동안 내 얘기를 하고, 또 그의 이야기를 들으면서 내가 보지 못한 것을 볼 수 있었습니다. 어머니 같은 마음, 언니 같은 마음으로 이해하라는 그의 말을 들으면서 마음에 가득했던 열기가 조금씩 가라앉기 시작했습니다.

제 감정들의 정체를 집중해서 살펴보기로 했습니다.
분노를 가만히 걷어내고 그 밑을 자세히 들여다보니, 아주 깊은 곳에 슬픔이 웅크리고 있었습니다. 그 슬픔을 향해 도대체 무엇이 두려운지, 무엇 때문에 이다지도 슬픈지 물어보았습니다. 그랬더니 혼자 남겨지는 것이 두렵다고 했습니다.

'아! 내 고통의 근원은 혼자 남겨지는 것에 대한 두려움이었구나.'

고통의 실체를 확인하는 순간이었습니다. 제 두려움의 정체를 알고 나니 한결 마음이 홀가분해졌습니다.

사람은 누구나 혼자 왔다가 혼자 떠납니다. 사랑하는 모든 것과 언젠가는 결국 헤어지게 되어 있습니다. 그러나 알면서도 뜻대로 안 될 때가 많습니다.

저는 '관세음보살님의 마음이라면 어떨까?' 하고 생각해보았습니다. 제 안에 있는 관세음보살님의 마음이 나타나도록 애써 기운을 모았습니다. 서서히 열기가 가라앉으면서 진정되기 시작했습니다. 커다랗던 문제가 아주 작은 문제로 보였습니다.

문제가 크다고 생각하면 한없이 커지고, 작다고 생각하면 티끌만큼 작아지는 것을 통찰할 수 있습니다. 별것 아닌 문제에 감정을 덧씌우면서 마치 커다란 문제처럼 확대되었을 뿐입니다. 비로소 저의 감정적인 마음이 보이기 시작했습니다.

드디어 답이 보이기 시작했습니다.

마음의 길

제가 사는 무안 봉불사로 들어오는 길은 두 갈래입니다. 저는 그중 거의 한길로만 다닙니다. 그래서 그 길이 어디서부터 좁아지고 어디서부터 넓어지는지, 그리고 어디에서 꺾이는지 잘 알고 있습니다.

우리가 자주 다니는 길이 있듯이, 우리 마음에도 자주 다니는 '마음의 길'이 있습니다. 평소 어떤 마음의 길로 자주 다니느냐에 따라 그 사람의 삶의 모습이 결정되지요.

사업하는 사람은 '어떻게 하면 좀 더 많은 이익을 낼 수 있을까?'를 집중해서 생각합니다. 어떤 일이 돈이 되는지 항상 탐색하고 연구하다 보면 그 길이 곧 마음의 길이 되어 돈의 흐름을 잘 볼 수 있습니다.

예술가는 '어떻게 하면 더 멋진 그림으로 표현할 수 있을까? 어떻게 하면 더 좋은 음악과 더 좋은 글로 사람들에게 감동을 줄 수 있을까?'를 생각합니다. 남들이 잘 보지 못하는 것을 보고, 느끼고, 들으면서 자기만의 언어와 몸짓으로 표현하다 보면 그 길이 예술가가 닦은 마음의 길이 됩니다.

요리사는 식당에 가서 음식을 먹으며 '이건 어떻게 만들었을까? 이건 이렇게 하면 더 맛있을 텐데!' 하며 계속 생각하고 연구합니다. 새로운 요리를 만들어보고, 그 음식을 다른 사람이 맛있게 먹을 때 행복을 느끼다 보면 그 길이 곧 요리사가 낸 마음의 길입니다.

누구나 자기만의 마음의 길이 있습니다.

일확천금을 노리는 도박꾼이 닦는 마음의 길, 바람둥이가 자주 가는 마음의 길, 멋쟁이가 향하는 마음의 길, 운동선수가 나아가는 마음의 길…. 그렇게 어느 한 분야에 마음을 집중하고, 에너지를 쏟고, 시간을 투자하다 보면 그 길과 사람이 하나가 되어 습관이 되고, 모습이 되고, 삶이 되고, 감출 수 없는 향기가 됩니다.

그렇다면 수행자나 보살이 향하는 마음의 길은 무엇일까요?

'어떻게 하면 모든 사람을 행복하게 할 수 있을까?'

'어떻게 하면 더 많은 사람이 고통에서 벗어나게 할 수 있을까?'

'어떻게 하면 어리석음에서 벗어나 지혜로울 수 있을까?'

이렇게 계속 생각하다 보면 그 길이 수행자나 보살이 즐겨 찾는 마음의 길이 됩니다. 그렇게 잘 닦은 길을 우리는 '도'라고 부릅니다.

당신이 주로 가는 마음의 길은 어떤 길인가요?

지금도 좋고 나중도 좋은 길을 선택했나요? 아니면, 지금은 좋은데 나중이 나쁠 것 같은 길을 선택했나요? 아니면, 지금도 불안하고 나중도 나쁠 것 같은 길을 선택했나요? 그 길이 바로 당신이 살아갈 삶의 모습입니다.

수많은 길 중에서 우리를 최상의 고요와 행복, 평화, 감사로 인도하는 길이 있습니다. 순수하고 맑고 찬란한 광명의 길로 인도하는 길이 있습니다. 바로 부처님이 가신 그 길, 달라이 라마가 닦으신 그 길, 진정한 행복에 이르는 그 길, 우리도 따라가야 할 그 길. 바로 보살의 길입니다.

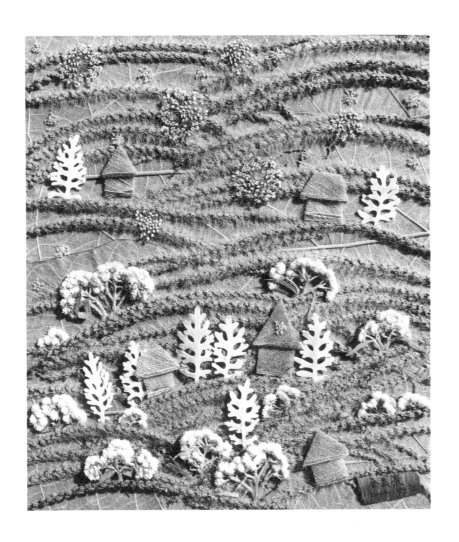

첫눈, 36×33cm, 오동나무잎 · 밤꽃 · 백묘국 · 궁궁이, 2005

스트레스가
나를 힘들게 할 때

인터넷에서 유명한 영상을 보았습니다.

미국의 한 심리학자가 대학생들 앞에서

스트레스 관리법을 강연하고 있습니다.

심리학자는 한 손에 물이 든 컵을 들고 있습니다.

학생들은 교수가 "컵에 물이 반밖에 없네!"

또는 "컵에 물이 반이나 있네!"라고 말하며

긍정적 사고에 대해 강의할 것으로 생각했습니다.

그런데 심리학자는 학생들의 예상을 깨고

웃는 얼굴로 물었습니다.

"이 컵의 무게가 얼마나 될까요?"

학생들은 250~500그램 사이라고 답했습니다.

심리학자는 말했습니다.

"물의 실제 무게는 중요하지 않습니다.

이 물컵을 얼마나 오랫동안 들고 있느냐가 중요합니다.

만약 물컵을 일 분 동안 든다면 별 문제가 되지 않아요.

그러나 물컵을 한 시간 동안 든다면 팔이 저리고 아플 것입니다.

만약 물컵을 온종일 든다면,

팔은 감각을 잃고 마비될 것입니다.

물컵을 들고 있는 시간은 다 다르지만,

물의 실제 무게는 변하지 않았습니다.

살아가면서 느끼는 스트레스와 걱정은

물컵에 담긴 물과 같습니다.

내게 닥쳐온 스트레스를

잠깐 생각하는 것은 큰 문제가 되지 않습니다.

하지만 생각하면 생각할수록

문제가 되고 머리가 아파집니다.

그리고 종일 생각한다면,

결국 아무것도 할 수 없는 상태가 되어버립니다.

물컵 내려놓기.

머리로는 이해하지만,

잘 안 되는 것이 '내려놓기'입니다.

일전에 저는 거북한 말을 들었습니다.

"스님은 위선자야!"

눈을 치켜뜨고 비난하는 그 소리를

마음에서 떨쳐내려고 애를 써도 잘 안 되었습니다.

종일 찜찜하고 기분이 좋지 않았습니다.

잠을 자도 편치 않고, 밥을 먹어도 맛이 없었어요.

이럴 때 적극적으로 내려놓는 방법이 있습니다.

저는 영화관에 갑니다.

두세 시간쯤 영화에 몰입하고 나면

딴 세상이 열리기도 합니다.

또는 음악을 듣습니다.

흥겨운 펑키 음악을 들어도 좋고,

아주 슬픈 음악을 들어도 좋습니다.

생각을 놓아버리고 음악과 하나가 되어보세요.

방문을 걸어 잠그고 실컷 욕을 해도 좋아요.

머리가 조금은 개운해질 것입니다.

무엇을 하든지 잠깐씩 내려놓으세요.

물컵을 잠깐씩 내려놓으면 크게 문제 되지 않듯이

스트레스도 잠깐씩 내려놓으면 우리를 해치지 않습니다.

무엇을 하든지 우리의 의지와 노력에 달려 있습니다.

상대가
마음에 안 들 때

사람들이 자기도 모르게

습관적으로 반복하는 행동이나

감정의 양태를 '패턴'이라고 부릅니다.

패턴은 특정 상황에서 지나치게 완고하고

무의식적으로 반복하게 하는 힘을 가지고 있습니다.

여러 가지 행동 패턴 중에

'미루기 패턴'이 있습니다.

꼭 해야 할 일을 피하는 경우

삶을 향상하기 위한 결정을 내리기 어려워하는 경우

중요한 프로젝트에 직면했을 때 다른 일을 하는 경우

운동하고 명상하고 음식을 잘 챙겨 먹는 등

자기 몸과 마음을 단련하는 것을 어려워하는 경우.

만일 이 중에서 단 하나라도 "예"라고 응답한다면

당신은 미루기 패턴 때문에 힘들어하는

사람일 가능성이 큽니다.

저와 이십여 년을 함께 살고 있는 사제 스님은

미루기 패턴의 대표적인 인물입니다.

식후 설거지는 한참 두었다가 몰아서 합니다.

방 청소를 하고도 걸레를 즉시 빨지 않습니다.

스님이 평소 자주 하는 말은

"나중에", "이따가", "좀 쉬었다"입니다.

반면, 완벽주의 성향을 가진 저는

그것을 보는 것이 속 터집니다.

그래서 매양 잔소리를 늘어놓곤 했습니다.

계속되는 저의 잔소리에도

스님은 바뀌지 않았고,

저는 끈질기게 고치려고 노력했습니다.

그런 스님에게 제가 지쳐갈 무렵

미루기 패턴을 공부하게 되었습니다.

저의 잔소리가 오히려 스님의 미루기 패턴을

더 강화한다는 사실을 알게 되었지요.

저는 수업 중에 제 이야기를 했습니다.

"이십 년간 사제 스님에게 미루기 패턴을 고쳐야 한다고

잔소리를 해댔으니 스님이 얼마나 힘들었을까요."

교수님이 말했습니다.

"그렇지요. 소나무를 보고 너는 어째서

사시사철 푸르기만 하냐고 따지면 소나무는 어떻겠어요?"

남을 고치려는 것은 내 욕심이니,

욕심을 내려놓고

상대를 있는 그대로 존중하라는 말씀이겠지요?

내려놓기,

우리 한번 해봅시다.

PART 4

태어나길
참 잘했다

이 세상에 태어나지 말았어야 할 사람은 없습니다.
모두 다 소중하고 귀한, 세상에 오직 하나밖에 없는 존재입니다.
사람의 가치란 태어나는 것으로 정해지는 것이 아니라
어떤 행위를 하며 어떻게 살아가느냐가 결정하는 것 아닐까요.

나는
버려진 아이예요

가로등 님은 상담 중에 같은 말을 반복했습니다.

"1퍼센트라도 잘못되면 안 됩니다."

처음에는 무심히 들었던 말이 몇 차례 반복되면서 그 말의 중요성을 알게 되었습니다. 제가 가로등 님에게 물었습니다.

"1퍼센트라도 잘못되면 어떻게 되는데요?"

"그다음은 없어요."

"그다음이 없다는 것은 무슨 뜻인가요? 무엇이 없다는 건가요?"

그가 대답했습니다.

"끝이에요. 모든 것이 사라질 거예요."

1퍼센트만 잘못하면 모든 것이 사라지다니!

그는 범불안장애의 증상을 보였습니다. 범불안장애란 불안 장애의 한 종류로, 특별한 원인이나 일이 없는데도 모든 일에 불안을 느끼는 증상입니다. 이런 증상이 일상생활에 지장을 주고 반년 이상 지속될 때, 범불안장애라고 진단하게 됩니다. 범불안장애 환자들이 주로 느끼는 불편함을 살펴보면 다음과 같습니다.

첫째, 다양한 사건이나 활동에 대해 지나치게 걱정하며, 그런 불안이 반년 이상 지속됩니다. 둘째, 걱정을 통제하기가 어렵습니다. 셋째, 다음 증상 중 세 개 이상이 나타납니다(아동은 한 개 이상). 안절부절못하거나 긴장되고 아슬아슬한 느낌, 쉽게 피로를 느낌, 주의집중이 잘 안 되거나 정신이 멍해지는 느낌, 화를 잘 냄, 근육의 긴장, 수면장애.

가로등 님은 특히 버스나 비행기를 못 탄다고 했습니다.

버스나 비행기를 타면 사고가 나서 죽을 것 같은 불안감에 심장이 터져버릴 것 같다고요. 그래서 대중교통을 이용하면 온몸이 굳어버리고, 마치 자기가 계속 브레이크 페달을 밟는 것처럼 다리와 어깨에 힘이 잔뜩 들어간다고 합니다. 그가 일상생활에서 느끼는 불편함이 상당한 수준이었습니다.

혹시 교통사고를 경험한 일이 있는지 물었더니 아니라고 했습니다. 우리는 함께 심한 불안감의 원인을 찾아보기로 했습니다.

"최근에 느꼈던 불안감과 똑같은 느낌이 들었던 어린 시절을 떠올려보세요. 어떤 장면이 떠오르나요?"

눈을 감고 있던 그가 말했습니다.

"아버지의 죽음이요. 아버지가 돌아가시던 때가 떠올라요."

"좋아요. 그 장면을 자세히 설명해볼까요?"

"친구들과 밖에서 놀다가 집에 오니까 친척들이 모여 있고 아버지가 누워 있어요. 뭔가 큰일이 난 것 같아요."

"지금 어떤 감정이 드나요?"

"당황스럽고 혼란스러워요. 그리고 불안해요. 사람들이 아버지가 돌아가셨다고 말해요. 제가 방에 들어가려고 하는데 사람들이 못 들어가게 해서 그냥 길가에 서 있어요."

"어떤 생각이 드나요?"

"'어머니도 일찍 돌아가셨는데, 아버지마저 가시다니! 나는 이제 어떻게 살지? 나는 이제 버려진 아이구나. 나는 쓸데없는 아이구나' 하는 생각이요. 아버지마저 안 계시면 남에게 의지할 수밖에 없어요. 준비할 시간조차 주지 않고 모든 것이 사라졌어요. 순식간에요!"

"순식간에요?"

"네, 한 번 실수하면 다 사라져요. 모든 게 전부 사라져요."

아! 그가 느끼는 불안의 근원을 찾았습니다.

연이은 부모님의 사망으로 '버려진 아이', '쓸데없는 아이'라는 왜곡된 신념이 생긴 탓이었습니다. 부모를 잃고 난 뒤에 두렵고 불안했을 어린아이가 주변 어른들의 충분한 위로와 보호를 받지 못했던 것입니다. 아이가 불안하고 혼란스러운 상황에 그대로 방치된 것이 문제였어요. 부모와의 단절은 어린아이 혼자 감당하기에 정말 어려운 일이니까요.

가로등 님은 많은 과제를 안고 있었지만, 저는 우선 부모와 그를 이어줘야겠다고 생각했습니다. 다행히 그는 불교 공부를 깊이 하고 있었기에 '연기법'을 쉽게 이해했습니다.

'나'라는 존재의 본질을 살펴볼까요.

공기가 없으면 나는 잠시도 살 수 없습니다.

공기와 나는 하나입니다.

공기 속에 내가 있고, 내 안에 공기가 있습니다.

물이 없으면 나는 잠시도 살 수가 없습니다.

물과 나는 하나입니다.

물속에 내가 있고, 내 안에 물이 있습니다.

이처럼 음식이 곧 나이고, 흙이 곧 나이며,

햇볕이 나이고, 우주가 곧 나입니다.

우주와 나는 하나입니다.

내 안에 우주가 있고, 우주 속에 내가 있습니다.

우주 속에 어머니가 있고,

우주 속에 아버지가 있습니다.

저 길가에 핀 작은 풀꽃이 바로 당신의 어머니입니다.

하늘에서 내리는 빗방울이 바로 당신의 아버지입니다.

그리고 당신의 모습 속에, 당신의 핏속에

당신의 성품 속에 부모님이 살아 계십니다.

왜 부모님이 당신을 떠났다고 생각하나요?

그는 깜짝 놀라는 듯했고, 그렇게 한동안 침묵했습니다.

그는 한 장 남아 있는 아버지의 사진을 꺼내보더니 자기의 벗어진 이마가 아버지를 닮았다고 했습니다. 우리는 어린 시절로 돌아가 버려진 아이를 충분히 위로하고 안아주었습니다. 저는 그의 어머니와 아버지를 대신해 먼저 떠나서 미안하다고, 그렇지만 너를 많이 사랑한다고 말해주었습니다.

저는 그에게 '부모님에게 편지 쓰기'라는 과제를 주었습니다. 그는 다음과 같은 편지를 써서 여러 사람 앞에서 읽어주었습니다.

아버지. 아버지는 제 몸과 목소리, 성품에 남아 있다는 것을 알게 되었어요. 더는 아버지를 그리워하지 않을게요. 아버지의 몸과 마음이 저라는 것을 알았거든요. 저는 매일 제 안에서 아버지를 만나고 있었습니다.

제 몸과 마음을 잘 가꾸는 것이 다시 이 세상에 태어날 아버지께 잘하는 것이라고 생각해요. 오늘은 또 다른 아버지의 모습이 이 세상에 펼쳐질 거예요. 매일 새롭고 새롭게요. 아버지, 정말 감사합니다.

여러 사람 앞에서 편지를 읽는 그의 모습은 몹시 편안하고 여유로워 보였습니다.

두 번째 과제로 그에게 '노출 기법'을 사용하게 했습니다. 두려움을 회피하지 않고 체험해보는 것입니다. 이번에는 가로등 님이 비행기를 탔을 때 명상한 몸의 느낌을 글로 적어보게 했습니다.

LA행 비행기에 몸을 실었다. 그런데 과거에 걱정하던 두려움이 다가오지 않는다. 무언가 중간에 막이 쳐져 있다. 그것이 무엇일까?

비행기가 시동을 걸고 출발선에 섰다. 심장이 쿵쾅거리기 시작한다. 비행기가 서서히 속도를 올리면서 굉장한 소리를 내기 시작한다. 손에 땀이 나고 온몸에 힘이 들어가는 것을 알아차린다. 이것은 그저 느낌일 뿐이다. 큰소리를 알아차리고 흔들림을 느낄 뿐이다.

이 느낌에 집중하면 집중할수록, 충분히 머물수록 두려움으로 옮아가지 않는다. 이것은 그냥 느낌일 뿐이구나. 이제 공중에 떴다. 몸에 전혀 힘이 들어가지 않고 긴장도 되지 않는다. 비행기 엔진 소리만 들릴 뿐이다.

항상 긴장감으로 얼굴에 피로가 묻어나던 그는 이제 긴장한 내색을 보이지 않았습니다. 그는 한결 편안하고 당당해졌습니다.

괜찮아,
공황장애

청년은 수년째 공황장애로 불편을 겪고 있었습니다. 사회
복지 수용시설에 근무하는데 당직 근무를 서던 날 밤, 건장한 환자
가 도구를 가지고 청년에게 덤비면서 발작이 시작된 이래 수시로 그
를 괴롭히는 괴물이 되었습니다.

공황장애란 뚜렷한 이유 없이 극도의 두려움과 불안을 느끼는 불
안 장애의 일종입니다. 환자들은 심한 불안감, 가슴 두근거림, 호흡
곤란, 가슴 통증, 답답함, 어지러움, 파멸감, 죽을 것 같은 공포를 느
낍니다.

공황발작은 한 번으로 끝나지 않고 며칠 또는 몇 달 뒤에 반복해서
나타나 환자를 힘들게 합니다. 환자는 그런 상황이 벌어질까 봐 미리

겁먹는 예기 불안으로 증세가 더 심해지는 악순환을 경험합니다.

처음에 이런 증상이 나타나면 누구도 정신질환이라고 생각하지 못합니다. 몸에 이상이 있다고 짐작하고 병원을 전전하면서 각종 검사를 받습니다.

그 청년 역시 병명을 알아내려고 여러 병원에 다녔지만, 이렇다 할 원인을 말해주는 의사가 없어서 답답하다고 했습니다. 저는 우선 그것이 병이 아니라는 점과 지레 겁먹을 일이 아니라는 것을 알려줘야 했습니다. 청년에게 넌지시 물었습니다.

"병원에 가서 건강검진을 받아봤나요?"

"네."

"혹시 간에 이상이 있다고 하던가요?"

"아니요. 간은 아주 건강하답니다."

"그럼 위장은?"

"위장도 아주 튼튼합니다. 소화를 못 시키는 일이 없으니까요."

"그럼 심장은?"

"심장도 정상이라고 했어요."

"그럼 다른 곳은?"

"아무 이상이 없답니다. 건강은 아주 좋대요."

"그럼 병은 아니네요? 마치 감기 같은 '증상'일 뿐이군요. 발작이 있을 때마다 죽을 것 같았지만, 아직 죽지는 않았네요?"

오랜 침묵이 이어졌습니다. 제가 청년에게 한 가지 제안을 했습니다.

"그 불안과 친구를 해보면 어때요?"

"불안과 친구를요?"

"네, 불안은 우리를 가끔 찾아오는, 반갑지는 않지만 거부할 수 없는 친구입니다. 왜 그런 친구 있잖아요. 한없이 미워하고 싫어하면 스트레스가 되지만, 잠깐 같이 노는 것으로는 별로 스트레스가 되지 않는 사람이요. 사실 당신이 그를 좋아하든 싫어하든, 그 친구는 당신에게 중요한 메시지를 주고 있거든요."

청년은 또다시 침묵했습니다.

저는 청년에게 '머물러 지켜보기'를 가르쳐주었습니다. 불안을 미리 걱정하지 말고 불안이 왔음을 알아차리며, 생각을 멈추고 몸의 느낌에 집중하는 방법입니다.

청년이 가장 두려워하는 것은 앞으로 일어날 일에 대한 불안이었습니다. 불안은 눈덩이처럼 커져 결국 감당할 수 없는 괴물이 되어 자신을 공격하거나 발작을 일으킵니다. 남들이 알게 되면 나를 무시할 것이라는 생각, 내가 몹쓸 병을 앓는다고 손가락질할 것이라는 불안. 이것이 두 번째, 세 번째 화살이 되어 증세를 악화시킵니다.

공황발작이라는 첫 번째 화살을 맞은 것은 어쩔 수 없지만, 거기서 멈추고 지켜보면 예기 불안 증세는 절로 사라지게 되어 있습니다.

다음 상담에서 청년에게 물었습니다.

"공황발작이 일어나면 무엇이 두려운가요?"

"제가 그런 증상이 있다는 걸 알면 수용자들이 저를 무시할까 봐서요. 그들을 통제할 수 없는 상태에 빠지면 전 정말 괴로울 거예요."

"혹시 그런 일이 있었나요?"

"네, 한 번 있었어요."

"그때 수용자들이 당신을 무시했나요?"

"아니요. 한 수용자가 떨고 있는 저를 방에 데리고 들어가 따뜻한 물을 갖다 주고 이불을 덮어줬어요. 그렇게 겨우 안정을 찾았어요."

"맞아요. 사람들이 당신의 증상을 안다고 해도 당신을 무시하지 않아요. 그것은 당신의 왜곡된 생각일 뿐입니다. 공황장애는 부끄러운 것이 아니니까 떳떳하게 말하고 도움을 청하세요."

"'제가 공황장애가 있으니까 발작이 일어나면 놀라지 말고 절 좀 도와주세요'라고요?"

별과 꽃과 사랑의 노래, 36×33cm, 삼베·할미꽃·박주가리·구름버섯, 2005

"네. '저 공황장애 있어요' 하고 가까운 사람들에게 말하세요. 그러면 훨씬 좋아질 거예요. 감추려고 하니까 더 커지는 거예요."

그 후 몇 차례 상담을 통해 청년은 공황장애로부터 벗어날 수 있었습니다.

아버지의 격려가
필요했어요

집단 상담 프로그램에 참여한 그 청년은 무척 왜소했습니다. 마른 나뭇등걸처럼 살집이 없어서 서 있는 것조차 힘겨워 보였습니다. 오래 앉아 있는 것도 힘든지 프로그램을 진행하는 내내 몸을 비비 꼬고 있었지요.

그 청년은 어릴 때부터 부모님에게 꾸중과 비난을 받으며 자랐다고 합니다. 고위 공무원인 아버지와 대학교수인 어머니는 아들에 대해 기대치가 무척 높았습니다. 뭐든지 잘하는 누나와 비교해서 부족한 것이 많았던 그는 늘 움츠러들었습니다. 대인관계가 원만하지 못했고, 사회생활이 어려웠습니다.

각자 불편했던 사례를 터놓는 시간이었습니다.

청년의 불편한 사례는 '아버지에게 꾸중 듣는 것'이었습니다.

눈을 감고 당시 상황을 떠올리게 한 뒤 그때 아버지에게 하고 싶었지만 차마 하지 못했던 말을 꺼내게 했습니다. 다른 사람들은 하고 싶은 말을 한마디씩 했는데, 청년만 입을 굳게 다문 채 고개를 푹 숙이고 앉아 있었습니다. 저는 가만히 청년 곁으로 다가가 거들었습니다.

"아버지, 아버지는 왜 저를 그렇게 야단만 치세요? 저도 나름대로 열심히 하고 있다고요. 아버지는 왜 저를 한 번도 칭찬해주지 않고 잘못했다고만 하시는 거예요!"

그러면서 스티로폼 막대기로 방석을 힘껏 내리쳤습니다.

"참지만 말고 이렇게 한번 해봐요"라고 하면서 그의 손에 막대기를 쥐여주었습니다.

잠깐 망설이던 청년이 방석을 내리치며 절규하기 시작했습니다.

"아버지. 저는 아버지의 비난이 아니라 격려가 필요했어요. 격려요! 그런데도 아버지는 항상 저를 비난했어요. 왜 그렇게 야단만 쳤어요? 저는 그럴 때마다 죽고 싶었어요. 차라리 죽어버리고 싶었다고요. 아버지, 저는 그냥 아버지의 격려가 필요했을 뿐이에요."

청년의 절규에 우리 모두 함께 울었습니다. 그가 어느 정도 안정을 찾은 것을 보고, 저는 그의 손을 잡고 아버지를 대신해 사과했습니다.

"아버지는 네가 남들보다 더 잘나기를 바랐는데, 네가 남들에게 뒤처지는 게 너무 속상하고 화가 났어. 이러다 네가 낙오자가 될까 봐 두렵고 불안했다. 잘못했다. 다 너를 위해서 한 일이라고 생각했는데, 그것이 너에게 그렇게 큰 상처가 되는 줄 몰랐다. 아버지의 욕심이 너에게 큰 상처를 주었구나. 미안하다. 용서를 빈다."

아버지의 말에 청년은 한참 흐느껴 울었습니다. 그는 오래도록 아버지에게 미안하다는 말을 듣고 싶었던가 봅니다. 그럴 때는 누군가 대신해서 말해줘도 마음의 응어리가 풀어지곤 합니다.

프로그램을 마칠 무렵에 청년이 두 손을 머리 위로 들어 올려 우리를 향해 하트를 만들었습니다. 그러고는 환한 얼굴로 "여러분, 사랑합니다"라고 외쳤습니다. 뜻밖의 행동에 모두가 행복해졌고, 우리도 하트를 만들어 사랑한다고 답했습니다.

그 후로 오랫동안 제 귀에는 "아버지. 저는 아버지의 격려가 필요했어요!"라는 청년의 절규가 맴돌곤 했습니다. 저는 그 일을 계기로 '격려'에 대해 다시 생각하게 되었습니다.

칭찬은 결과가 좋을 때 잘된 일에 대해 주는 보상이라면, 격려는 결과보다 과정에 대한 응원입니다. 열심히 했는데도 결과가 좋지 않을 때 다독여주고 믿어주는 것이 격려입니다.

어린 시절 아이와 부모의 관계는 아이가 성인이 되었을 때 맺게 될 인간관계에 큰 영향을 미칩니다. 예를 들어 '부모님은 나를 사랑해', '나는 사랑받을 가치가 충분한 아이야'라고 믿고 자란 사람은 인간관계가 건강합니다. 그러나 '부모님은 나를 사랑하지 않아', '나는 사랑받을 가치가 없는 아이야. 아무도 나를 사랑하지 않을 거야'라고 믿고 자란 사람은 그 생각이 사회로 확대되어 인간관계가 힘들어집니다.

이것이 '자존감'입니다.

자존감이 높은 사람은 어떤 일을 하더라도 자신이 있으며, 역경에 처해도 회복 탄력성이 좋습니다. 자존감이 낮은, 즉 열등감에 빠진 사람은 성인이 되어서도 매사에 자신이 없으며 남의 비난에 무척 예민합니다. 또 우울증에 걸릴 확률이 높습니다.

부모의 비난은 아이를 멍들게 하고, 움츠리게 하고, 열등감에 시달리게 합니다. 그렇게 자란 아이가 좋은 부모가 되기는 쉽지 않습니다. 물론 그 자녀도 행복하지 않겠지요. 내 상처를 물려주고 싶지 않다면, 지금부터라도 나를 돌아보는 노력을 해야 하지 않을까요?

세상을 더 넓게
보고 싶을 때

여기 사과가 하나 있습니다.

이 사과는 지금 이 순간에도 변화하고 있습니다.

어떻게 알 수 있을까요?

가만히 놓아두면 사과가 썩거든요.

여기 책상이 있습니다.

이 책상은 변하나요, 안 변하나요?

지금 이 순간에도 변화하고 있습니다.

어떻게 알 수 있을까요?

가만히 놓아두면 낡은 책상이 되거든요.

여기 지오가 있습니다.

지오는 지금 이 순간에도 변화하고 있습니다.

어떻게 아는가 하면,

작년에 없던 주름이 올해 생겼거든요.

어제는 몰랐던 새로운 사실을 오늘 알았거든요.

어제의 지오와 오늘의 지오는 다른 사람입니다.

내가 갖고 싶었던 책상도 이미 다른 책상입니다.

내가 사랑했던 사람도 이미 다른 사람입니다.

나를 아프게 했던 사람도 이미 변했습니다.

또 다른 측면에서 살펴볼게요.

사과가 존재하기 위해서 무엇이 필요할까요?

먼저 사과나무가 필요합니다.

사과나무가 자라려면 땅이 필요합니다.

물도 있어야 하고,

태양도 필요합니다.

그리고 밤, 즉 어둠도 있어야 합니다.

산소도 있어야 하고요.

사과 농사를 짓는 농부도 필요합니다.

농부가 머무를 집이 필요하고

음식이 필요하고, 옷이 필요합니다.

사과가 존재하려면

우주의 모든 것이 필요합니다.

이 중 하나만 없어도 사과가 존재할 수 없습니다.

책상이 존재하려면 무엇이 필요할까요?

나무가 있어야 합니다.

나무가 자라려면 우주가 필요합니다.

나무를 켜서 책상으로 만들 기술과 사람이 필요합니다.

사과가 존재하기 위해 필요한 것들이

책상이 존재하기 위해서도 필요합니다.

지오가 존재하기 위해서도 모든 것이 필요합니다.

그렇다면 사과와 책상, 지오를 구성하는

본바탕은 모두 같네요?

본질적으로는 같은데 모습, 즉 형상이 다릅니다.

그럼 세 가지는 같은 것일까요, 다른 것일까요?

본질과 형상,

두 가지를 다 볼 줄 아는 것이 '지혜'입니다.

건강한 하루를
시작하고 싶을 때

몸에 대한 감사 명상을 시작하겠습니다.

자! 자세를 편안하게 하십시오.

의자에 앉아도 좋고,

다리를 쭉 뻗고 벽에 기대도 좋습니다.

편안하게 눈을 감습니다.

천천히 호흡에 집중합니다.

들숨과 날숨을 느껴봅니다.

들숨과 날숨에 이름을 붙여봅니다.

들숨, 날숨, 멈춤.

들숨, 날숨, 멈춤.

들숨, 날숨, 멈춤.

마음이 안정될 때까지 반복합니다.

서서히 심장을 느껴봅니다.

심장의 움직임이 느껴지나요?

심장은 밤낮 없이 쉬지 않고 일합니다.

내가 일을 할 때나, 놀 때나, 잠을 잘 때나

심장은 쉬지 않고 나를 위해 애씁니다.

내가 마음을 잘못 써서 긴장하고 화를 내면,

심장도 같이 긴장하고 움츠러듭니다.

그래도 나를 살게 하려고 최선을 다합니다.

그런 심장에게 한 번이라도 고맙다는 말을

전해본 적 있나요?

고마운 심장에게 고맙다고, 미안하다고 말해봅니다.

'심장아! 미안해. 고마워. 사랑해.'

다음은 위장을 느껴봅니다.

내가 먹고 마신 것을 불평 없이 받아서

소화하느라 애쓰는 위장.

예민한 내가 마음을 잘못 쓰면

위장도 덩달아 긴장하고 힘들어합니다.

그래도 언제나 나를 살게 하려고 애쓰는 위장에게

감사의 마음을 가득 담아 고맙다고 말해봅니다.

'위장아! 미안해. 고마워. 사랑해.'

다음은 간을 느껴봅니다.

오른쪽 갈비뼈 안에 있는 간장과 췌장.

말없이 제 할 일을 다 하는 그들은

나의 건강하지 못한 생활 습관 때문에

탈이 나도 한마디 불평하지 않습니다.

그런 간에게 고맙다고 말해봅니다.

'간아! 미안해. 고마워. 사랑해.'

정성스럽게 마음의 손길로 쓰다듬어주세요.

폐, 대장, 소장, 방광….

내 모든 장기를 하나하나 천천히 느끼면서

고맙고 미안하다는 말을 전할 때

내 장기가 하나씩 건강하게 되살아납니다.

이번에는 두 눈을 느껴보세요.

이 눈이 없다면, 얼마나 힘들게 살아야 할까요.

코와 입, 귀에게도 감사의 말을 건네봅니다.

내가 원하는 대로 다 하는 두 손,

이 손이 없다면 얼마나 불편할까요.

또 가고 싶은 곳은 어디든 데려다주는 두 다리,

이 다리가, 아니 발가락이 하나만 없어도 얼마나 불편할까요.

참으로 고마운 두 손과 다리를 곱게 어루만져줍니다.

내 몸속에 살아 있는 60조의 세포들,

하나하나 건강하기를 기원합니다.

내 몸과
헤어지기

　　지인이 위암 말기라는 비보를 들었습니다. 안타까운 마음에 제 손으로 따뜻한 죽이라도 한 그릇 쒀서 먹여야겠다는 생각이 들어서 전화했습니다. 그랬더니 이미 아무것도 먹지 못한다고 합니다. 통증이 심해 음식물이 잘 넘어가지 않는다고 합니다.

　그러면서 제게 그동안 정말 애썼노라고, 함께 공부할 때 같은 반의 만이 스님으로 도반들을 항상 즐겁게 해줘서 참 고맙고 존경스러웠노라고 말했습니다. 우리는 전화기를 붙잡고 같이 울었습니다.

　잘 먹을 때 진즉 맛있는 것 좀 사줄 걸, 진즉 멋진 데 데리고 가줄 걸, 진즉 얼굴을 많이 봐둘 걸, 하룻밤이라도 함께 자면서 도란도란 이야기라도 나눌 걸…. 참으로 후회되었습니다. 수술받고 나서 꼭 좋은 곳에서 하룻밤을 보내자고 약속했습니다.

늦었지만 지금이라도 주변을 돌아봐야겠습니다. 더 늦어서 후회하기 전에 말입니다.

죽음이란, 몸과 마음이 하나 되어서 '나'라고 하다가 몸과 마음이 분리되어 이별하는 것입니다. 죽음은 누구도 피할 수 없습니다. 저는 천상병 시인의 〈귀천〉처럼 "이 세상 소풍 끝내는 날 가서 아름다웠더라고" 말할 수 있으면 참 좋겠습니다. 아니면 '숙제 다 마치고 왔노라고' 자랑스럽게 말할 수 있으면 좋겠습니다.

마지막으로 죽을 때
먼저 내 몸과 헤어져야겠지.
엄지 검지 중지 약지 소지
다섯 손가락을 만지면서 한평생 수고를 위로해야지.
오른손 왼손 번갈아가면서 왼손이 한 일 오른손이,
오른손이 한 일 왼손이 서로 위로해야겠지.

평생 한 몸 이끌고 다닌 발과 발가락에게도
고마웠다고 인사해야겠지.

왼발과 오른발도 서로 마주 비비면서
서로의 노고를 위로해야겠지.
이제 인연이 다하면 각각 흩어져 온 곳 없는 고향으로
돌아갈 것이니 언제 다시 만날 수 있을까.

오장육부와 오온들도 따로따로 서로서로 인사를 나누어야지.
늦기 전에 모든 살아 있는 세포들과도 인사를 나누어야지.
더 늦기 전에 모든 기억과 몸과 말과 마음으로 지은 업장과
함께 나무아미타불 이별가를 불러야겠지.

한 잔 술이 있다면 술 한 잔 마시면서
좋은 차가 있으면 차 한 잔 마시면서
그도 저도 없다면 물 한 잔 나누면서
모든 존재와 비존재와
모든 연기하는 것과 비어 있는 것과
과거세와 미래세와 이별해야지.

정토와 예토와도 이별하고
중생과 부처와도 이별해야지.

이렇게 육도윤회의 고리를 끝내야지.
내 죽기 전에 이런 시간이 주어질 수 있기를
시방삼세 부처님 앞에서 발원하나이다.

나무아미타불
나무관세음보살
나무지장보살마하살.

—거여래, 〈내 몸과 헤어지기〉

나는
어떤 사람일까

어떤 분이 옆에 앉아 있는 다른 사람에게 저에 대해 이야기합니다.

"지오 스님은 그런 거 안 좋아해. 내가 잘 아는데, 지오 스님은 이런 걸 좋아해."

저는 조금 떨어져서 다른 일을 하고 있지만, 귀를 열고 듣고 있습니다. 그 대화를 엿들으면서 '응? 내가 언제 그런 걸 좋아했지? 나도 내가 뭘 좋아하는지 잘 모르는데, 저분은 어떻게 나를 그렇게 잘 알까?' 하고 갸우뚱했습니다. 그래서 깊이 생각해봤습니다.

지오는 어떤 사람일까? 그리고 무엇을 좋아하는 사람일까? 남들에게는 어떤 사람으로 기억될까?

어떤 사람은 저를 카리스마 있다고 말합니다. 또 어떤 사람은 저를 어머니처럼 포근하다고 말합니다. 어떤 사람은 저를 성질이 급하고 화를 잘 낸다고 말합니다. 어떤 사람은 저를 순한 사람이라고 말합니다. 어떤 사람은 저를 무섭다고 합니다. 또 어떤 사람은 능력 있다고 생각합니다. 어떤 사람은 제가 국수와 빵을 좋아한다고 합니다.

일전에 저는 어떤 분을 '차가운 사람'이라고 표현했습니다. 그런데 얼마 후 그분이 다른 사람의 아픔을 인자하고 자상하게 품어주는 모습을 보았습니다. 그분은 인자한 면과 차가운 면을 모두 가지고 있는데, 저는 그분의 차가운 모습만을 마음에 두고 있었던 것입니다.

문득 《열반경》에 실린 이야기가 생각났습니다.

부처님께서 제자들이 법문을 놓고 쟁론하는 것을 보시고 말씀하셨습니다.

"어떤 왕이 장님들을 모아놓고 코끼리를 만지게 한 후 어떻게 생겼느냐고 물었다. 그러자 코를 만져본 장님은 나팔같이 생겼다고 했고, 다리를 만져본 장님은 절구통 같다고 했다. 또 배를 만져본 장님은 솥 밑바닥, 상아를 만져본 장님은 뿔같이 생겼다고 말했다. 그리고 귀를 만져본 장님은 곡식을 까불 때 사용하는 키같이 생겼다고 말했다."

나는 어떤 사람일까요? 나도 나를 잘 알지 못합니다.

왜냐하면 나는 고정되어 있지 않고, 상대에 따라 변화하면서 지금
도 끊임없이 변화하고 있기 때문입니다. 이것이 바로 무아無我, 즉 고
정불변하는 실체가 없다는 뜻입니다.

나라는 존재는 우주 속에 아지랑이처럼 나타났다가 안개처럼 스
러지는 것입니다. 우리는 끊임없이 흐르는 우주의 매우 작은 변화의
일부일 뿐입니다.

구름 속에서
장미를 발견하세요

부처님의 가르침은 단순하고 명쾌하며, 누구나 알기 쉽습니다. 존재를 어떤 관점으로 보느냐에 따라 마음을 얼마든지 변화시킬 수 있고, 또 그렇게 변화된다는 가르침이거든요. 전 세계인의 영적 스승인 틱낫한 스님은 《꽃과 쓰레기》에서 말씀하셨습니다.

꽃은 피고 있는 동안에도 이미 퇴비 속에 있고,
퇴비는 이미 꽃 속에 있다.
꽃과 퇴비는 둘이 아니다.
번뇌와 깨달음도 상호 의존해서 존재한다.

꽃과 쓰레기로 모든 존재의 '상호 의존적 본성'을 묘사하고 있습니다. 우리는 보통 꽃은 좋아하지만 쓰레기는 좋아하지 않습니다.

초파일날 부처님께 올렸던 아름다운 꽃들도 며칠 지나면 쓰레기가 되어서 그것을 치우는 데 애를 먹습니다. 그러나 깨달아야 합니다. 어둠이 없으면 밝음이 빛날 수 없고, 별은 어둠 속에서 더 찬란하게 빛납니다. 밝음과 어둠은 둘이 아닙니다.

마찬가지로 꽃에서 쓰레기라는 요소를 제거하면 꽃은 존재할 수 없습니다. 꽃은 쓰레기가 되는 과정에 있으며, 쓰레기도 꽃이 되는 과정에 있으니까요.

모든 존재가 상호 의존한다는 것을 아는 정원사는 쓰레기를 함부로 버리지 않습니다. 정원사는 쓰레기 안에서 상추와 오이, 꽃을 볼 수 있습니다. 정원사는 정원에 줄 퇴비를 만드는 데 그 쓰레기를 사용합니다. 이처럼 만물의 상호 연관성을 아는 사람을 우리는 '지혜로운 사람'이라고 합니다.

지혜로운 사람은 꽃이라고 해서 너무 좋아하지도 않고, 쓰레기라고 해서 너무 싫어하지도 않습니다. 꽃과 쓰레기의 상호 연관성을 모르고, 분별하거나 차별하는 사람을 우리는 '어리석은 사람'이라고 합니다.

여기서 더 나아가봅시다.

우리는 구름과 장미를 별개라고 생각합니다.

그런데 구름이 없으면 비가 내리지 않고, 비가 내리지 않으면 물이 없고, 물이 없으면 장미가 필 수 없습니다. 장미가 썩으면 장미 속에 있던 물이 증발해서 구름으로 돌아갑니다. 세상을 깊이 통찰하면 장미 속에서 구름을 볼 수 있고, 구름 속에서 장미를 볼 수 있습니다.

보통 깨달음과 어리석음을 아무 상관이 없다고 생각합니다. 깨달음을 한쪽에 두고 어리석음을 다른 쪽에 두면서 어리석음이 행여 깨달음을 오염시킬까 봐 두려워합니다. 그러나 사실 둘은 분리될 수 없습니다. 어리석음과 망상이 없으면 어떠한 깨달음도 올 수 없으니까요. 어리석음은 깨달음이 자라나는 터전입니다. 번뇌를 붙잡아 그것을 퇴비로 활용할 때 기쁨과 평화, 해탈과 행복이라는 깨달음을 얻을 수 있습니다.

중국 선종의 3조인 승찬 대사는 말했습니다.

지극한 도는 어렵지 않으니 오직 간택함을 꺼릴 뿐이다.

다만 미워하고 사랑하지만 않으면 통연히 명백해진다.

털끝만큼이라도 차이가 있다면 하늘과 땅만큼 벌어지나니,

지금 바로 체득하고 싶다면 따름과 거스름이 있어서는 안 된다.

지극한 도는 어렵지 않습니다. 무엇이 좋다, 싫다는 분별심을 떠나면 깊은 도에 이를 수 있습니다. 하지만 오늘도 우리는 좋고 싫음을 수없이 분별하며 중생놀음을 하고 삽니다.

그렇다고 해도 너무 실망하지 마세요. 부처님은 깨달은 중생이고, 중생은 아직 깨닫지 못한 부처입니다. 중생이 곧 부처이고, 부처가 곧 중생이니 크게 낙담할 일도 아닙니다. 점차 나은 존재가 되고 있다면, 그것으로 충분합니다.

시나브로, 65×53cm, 모시·산초나무잎, 2005

이럴 줄
알았더라면

호서대학교를 설립한 고 강석규 선생님이 남기신 글 〈어느 95세 노인의 수기〉는 제게 많은 생각거리를 주었습니다.

나는 퇴직 후 '이제 다 살았다. 남은 생은 그냥 덤으로 주어진 것이다'라는 생각으로 그저 고통 없이 죽기만을 기다렸습니다. 덧없고 희망이 없는 삶…. 그런 삶을 무려 삼십 년이나 살았습니다. 삼십 년의 시간은 지금 내 나이 아흔다섯 살로 보면 3분의 1에 해당하는 기나긴 시간입니다.

만일 내가 퇴직할 때 앞으로 삼십 년을 더 살아갈 수 있다고 생각했다면 난 정말 그렇게 살지 않았을 것입니다. 그때 나 스스로

가 또다시 다른 무엇을 시작하기에는 너무 늦었다고 생각했던 것이 큰 잘못이었습니다.

　나는 지금 아흔다섯 살이지만 건강하고 정신이 또렷합니다. 앞으로 십 년이나 이십 년을 더 살지도 모릅니다. 이제 나는 내가 하고 싶었던 어학 공부를 시작하려고 합니다. 그 이유는 단 한 가지…. 십 년 후 맞이하게 될 105번째 생일 때, 왜 아흔다섯 살 때 아무것도 시작하지 않았는지 후회하지 않기 위해서입니다.

무언가를 시작하기에 늦은 나이는 없습니다.

종종 우리는 환갑이 넘어 대학에 들어가는 분들에 관한 기사를 읽습니다. 어느 할아버지는 여든 살에 관광일어통역과에 합격해 일본인들에게 한국어 통역을 해주고 있습니다. 인도의 시성 타고르는 일흔 살부터 그림을 그리기 시작했습니다.

굳이 무엇이 되지 않아도 좋습니다. 요리사가 되지 않아도, 화가가 되지 않아도, 외국인과 통역하지 않아도, 무언가를 한다는 그 자체와 그것을 하는 동안을 즐기는 것이 중요하겠지요.

지금 나이가 많다고 미리 포기하지 마세요. 이제 시간이 별로 없다고, 이제 시작해서 뭘 하겠느냐고 지레 겁먹지 말고 도전해보세요. 정열과 패기는 우리를 늙지 않게 합니다.

이왕이면 멋지게 늙는 것이 좋지 않겠어요?

저는 외국인과 대화를 나누고 싶어서 영어 회화 공부를 하려고 합니다. 여러분도 지금 무엇이든지 시작해보는 것 어떠세요?

세 가지
거지

세상에는 세 가지 거지가 있습니다. 그중 첫 번째가 '권력 거지'입니다.

이들은 권력의 주변을 서성이다가 이득이 생길 것 같으면 불나방처럼 모여듭니다. 많은 권력을 쥐고 있으면서도 그것을 잃을까 봐 노심초사하며, 끊임없이 권력을 구걸하는 사람들입니다. 권력자들 곁에 빌붙어서 그들의 심기를 맞추느라 자존심마저 내팽개친 사람들. 구걸만 할 줄 알았지, 책임질 줄 모르는 이들이 바로 권력 거지입니다.

두 번째는 '돈 거지'입니다.

이들은 항상 돈에 초점을 맞추고 살아가며 돈을 아무리 많이 가져도 만족할 줄 모릅니다. 남의 것을 뺏어서라도 배를 불리고 싶어 하며, 남들에게도 인색하고 자기에게도 인색해 돈을 쓸 줄 모르는 사람들입니다.

그들은 돈을 위해서라면 못할 일이 없으며, 남을 속이고 자기마저도 속이는 사람입니다. 그리고 돈을 더 가지기 위해 눈에 핏발을 세우며 자본의 노예가 되기를 자처합니다.

세상에서 가장 가난한 대통령으로 불리는 우루과이의 호세 무하키 대통령은 "부자들이야말로 가난한 사람들이에요. 왜냐하면 그들의 욕심은 끝이 없기 때문입니다"라고 말했습니다.

세 번째는 '학력 거지'입니다.

학벌 위주의 세상에 편승해 한 줄짜리 이력을 위해 고군분투하는 사람들입니다. 수단과 방법을 가리지 않고 세상에 내놓을 명함을 위해 자존심도 버리는 사람들. 성숙하지 못한 말과 행동으로 못 배운 사람 앞에서 거만한 사람들을 가리킵니다.

퇴근하고 지친 몸으로 야간 대학원에 와서 공부하는 학생들에게 교수님은 "당신들이 바로 학력 거지"라고 말했습니다. 저는 이의를 제기할 수 없었습니다. 제가 바로 그 학력 거지였기 때문입니다. 실력보다는 이력을 보는 사회에 편승해 야간 대학원을 다니고 있었으니까요.

당신은 어떤 거지인가요?
세 가지 거지가 아니시길!

하얀 달, 34×66cm, 플라타너스잎 · 포도나무껍질 · 옥수수껍질 · 산자고, 2005

거룩한
고통

행복을 원한다면
먼저 고통을 받아들여라.
눈물을 흘리지 않으면
웃음의 가치를 모를 것이다.

―쳉나와 로도 곌첸

부처님께서 히말라야 설산에서 6년 고행 끝에 깨달음을 얻으시고
처음 하신 말씀이 "인생은 고통이다"라는 성스러운 진리였습니다.
누군가 반문합니다.

인생이 고통스럽다는 것이 성스러운 진리라고요? 우리가 피하고 싶고 만나고 싶지 않은 고통이 어떻게 성스러울 수 있나요?

고통에는 세 가지 종류가 있습니다.

첫째는 고고苦苦로 괴로움 그 자체입니다. 예를 들면 전쟁, 폭력, 배고픔, 목마름, 질병 같은 육체적 고통과 슬픔, 화, 우울, 좌절, 배신 감 같은 감정적 고통, 사랑하는 사람과 헤어지는 고통, 원수와 만나는 고통, 간절히 구하지만 얻지 못하는 고통, 괴로움을 괴롭다고 인식하는 고통을 말합니다.

둘째는 행고行苦로 모든 것이 덧없음으로 인해 느끼는 괴로움입니다. 즉, 모든 존재가 변화하기 때문에 괴롭습니다. 처음 새 차를 샀을 때의 행복감은 시간이 지날수록 소멸합니다. 건강한 몸은 병이 나기 시작합니다. 권세가 하루아침에 땅에 떨어지기도 합니다. 사랑하는 사람의 마음이 변합니다. 사랑하는 사람과 결혼하고 난 후에는 사랑이 시들해집니다. 이럴 때 느끼는 고통이 행고입니다.

셋째는 괴고壞苦로 존재가 쇠퇴하고 무너져가는 데서 생기는 괴로움입니다. 언제나 젊을 것 같지만 늙어서 결국 죽게 되는 고통입니다. 이혼으로 가족이 해체되는 고통, 사랑하는 가족이 죽는 고통, 나라가 망하는 고통 등 우리가 애착해왔던 것들이 하나 둘씩 무너져 결국 괴로움으로 변합니다. 그러니 인간으로 태어난 이상 그 괴로움을 겪지 않을 이가 어디 있겠어요?

결국 인생 자체가 괴로움이고, 상처받지 않는 영혼은 없습니다.

그러니 괴롭고 고통스러울 때는 '인생이란 게 본래 그러려니' 하고 생각하세요. 또 나만 괴롭다고 생각하지 말고 고통이 주는 혜택을 생각하세요.

고통은 첫째로 연민의 마음을 가지게 합니다. 고통을 겪어본 사람은 다른 사람의 고통을 공감할 수 있습니다. 둘째, 겸손한 마음을 가지게 합니다. 누구나 항상 잘나가지만은 않는다는 것을 알게 합니다. 셋째, 적당한 고통은 복이라는 가르침을 줍니다. 인내심을 길러주고, 거친 인생의 바다를 헤쳐 나갈 힘을 키우게 합니다. 넷째, 욕망과 고통에서 벗어나야겠다는 마음을 일으킵니다. 그래서 수행자들이 끊임없이 생겨나며 불법佛法이 전해지는 것입니다.

힘들고 괴로우면 '그러려니' 하면서 한 번 내려놓으세요. '이 또한 지나가리라' 하면서 또 한 번 내려놓으세요. '고통이 주는 혜택'을 생각하면서 한 번 더 내려놓으세요. 그러다 보면 세상은 살 만합니다.

오늘이라는
선물

목장의 양치기가 마당에 온갖 꽃이 활짝 핀 것을 보고, 꽃과 함께 하루를 즐기고 싶은 마음이 들었습니다. 양치기는 생각했습니다.

'오늘은 양털을 깎아야 하니, 빨리 털을 깎고 와서 이 꽃들을 보며 즐겨야지.'

그러나 그가 양털을 깎고 돌아왔을 때는 이미 꽃들이 시들어버렸습니다. 다음 날 아침 그는 아름다운 새소리에 잠이 깼습니다. 몹시 황홀한 새소리였습니다. 양치기는 생각했습니다.

'지금은 우유를 짜야 할 시간이니까 일을 마친 후 저 새소리를 들어야지.'

그러나 양치기가 우유를 짜고 와보니 새들은 다른 곳으로 날아가 버리고 없었습니다. 그렇게 양치기는 자기가 하고 싶은 일들을 뒤로 미루느라 지금 이 순간의 행복을 제대로 누려보지 못하고 일생을 마쳤습니다.

어떤 분이 제게 와서 말했습니다.

"새벽부터 밤까지 열심히 일만 합니다. 주말도 쉬지 않고 일합니다. 젊을 때 많이 벌어야 늙어서 편하게 살 수 있잖아요."

그래서 제가 물었습니다.

"아이들은 몇 살이에요?"

"지금 네 살, 일곱 살, 열 살 이렇게 셋이 있습니다. 아이들이 잘 때 출근하고 잘 때 퇴근하다 보니, 아이들과 자주 못 놀아줘서 아쉽긴 해요."

"저런, 아이들은 금방 커버릴 텐데요. 지금 아빠가 많이 놀아줘야 해요. 나중에 '아이들과 놀아줘야지'라고 생각할 때 아마 아이들은 당신과 놀려고 하지 않을 거예요."

아이가 자랄 때는 어머니와 아버지의 역할이 다 중요합니다. "한 아이를 키우려면 한 마을이 필요하다"라는 인디언의 지혜로운 가르침도 있지요.

아버지가 고생스럽게 일하는 이유는 결국 가족들과 행복하기 위해서입니다. 그러나 그는 지금 불행의 씨앗을 심고 있는 중입니다. 어린 시절 부모의 빈자리는 나중에 억만금으로도 해결되지 않는 안타까운 사례를 많이 봐왔거든요.

"과거는 역사이고, 미래는 미스터리이며, 현재는 선물이다"라는 말이 있습니다. 과거는 이미 돌이킬 수 없는 흘러간 역사이고, 미래는 올지 안 올지 모르는 미스터리이며, 지금이야말로 당신에게 주어진 선물이라는 뜻입니다.

지금 이 시간은 다시 돌아오지 않습니다. '나중'으로 미루지 마세요. 오늘 하루가 바로 선물입니다.

사람의 가치는
무엇으로 정해지는가

　　부처님 당시에 똥치기 니타가 있었습니다. 니타는 계급 차별이 심한 땅에서 천민 중 가장 천민에 속했습니다. 하루는 니타가 똥지게를 메고 가다가 길에서 부처님을 만났습니다. 당황한 니타는 놀란 마음에 뒷걸음을 치다 그만 벽에 부딪혔습니다. 순간 오물이 사방으로 튀어 니타는 부처님과 함께 오물을 뒤집어쓰고 말았습니다. 어쩔 줄 몰라 하며 바닥에 주저앉아 울부짖는 니타를 향해 부처님께서 말씀하셨습니다.

　　"어서 일어나라. 나와 함께 강으로 가서 씻자."

　　"안 됩니다. 부처님처럼 성스러운 분이 저처럼 천한 놈의 더럽고 냄새나는 몸을 만지시다니요."

부처님께서 말씀하셨습니다.

"니타야. 네 몸이 더럽고 냄새난다고 생각하느냐? 너는 천하지도 않고 더럽지도 않으며, 고약한 냄새를 풍기지도 않는다. 네 옷은 더러워졌지만 네 마음은 더할 바 없이 착하구나. 네 몸에선 아름답기 짝이 없는 향기가 난다. 자신을 천하게 여겨서는 안 된다."

사람의 가치는 출생 신분으로 결정되는 것이 아니라고 부처님께서는 단호하게 말씀하셨습니다.

현대 사회는 원시적인 계급사회가 아닙니다. 그러나 돈만 있으면 뭐든지 할 수 있는 더 고약한 계급사회입니다. 이른바 현대판 계급사회가 형성된 것입니다. 그래서 부모의 재력에 따라 자녀의 계급을 나누는 금수저, 흙수저라는 씁쓸한 신조어도 생기는 것 같습니다.

저를 찾아온 내담자 중에 누구의 축복도 받지 못하고 태어난 여인이 있었습니다. 그녀는 자기를 '태어나지 말았어야 할 존재'라고 생각하며 사십여 년을 움츠리고 살아왔다고 합니다. 저는 그녀에게 물었습니다.

"사람의 가치는 무엇으로 정해질까요? 이 세상에 부모를 선택해서 태어날 수 있는 사람이 있을까요?"

부모를 선택해서 태어날 수 있는 사람은 아무도 없습니다. 그것은 우리가 할 수 있는 일이 아닙니다. 그러므로 그렇게 태어난 것도 그녀의 책임이 아닙니다.

이 세상에 태어나지 말았어야 할 사람은 아무도 없습니다. 모두 다 소중하고 귀한, 세상에 오직 하나밖에 없는 존재들입니다. 사람의 가치란 태어나는 것으로 정해지는 것이 아니라 어떤 행위를 하며 어떻게 살아가느냐가 결정하는 것 아닐까요.

저는 그녀에게 말했습니다. 열악한 환경에서도 착하게 잘 자란 당신이야말로 인간 승리라고요. 누구도 쉽게 할 수 없는 일을 당신은 해냈다고 말입니다.

사람의 가치는 돈, 지위, 사랑, 미모 등 외적인 요인으로 따질 수 없습니다. 성공하지 못했어도, 인정받지 못했어도, 단점이 있어도 우리는 충분히 귀하고 가치 있는 존재입니다.

당신의
향기

저를 처음 만나는 사람들이나, 오랜만에 만나는 사람들이 제게 자주 하는 말이 있습니다.

"우아, 넘치는 카리스마", "오, 포스가 장난 아닌데요"라는 말입니다. 저는 그런 말을 들을 때마다 깜짝 놀랍니다. 그 말을 별로 좋아하지 않거든요. 첫인상으로 저를 판단한다는 것이 두렵기도 하고요.

"꽃향기는 바람을 거스를 수 없어도 사람의 향기는 바람을 거스른다"라는 말이 있습니다. 사람들은 모두 자기만의 향기를 가지고 그 향을 사방에 퍼뜨립니다. 감추려 해도 감출 수 없는 것이 사람의 향기가 아닐까 싶습니다.

오늘 사람들은 당신의 어떤 향기를 맡고 있을까요?

얼굴 못났음이 부끄럽지 않다.
마음 못생김이 부끄럽다.

옷 더러움이 부끄럽지 않다.
마음 더러움이 부끄럽다.

옷 떨어졌음이 부끄럽지 않다.
마음 헤어졌음이 부끄럽다.

키 작음이 부끄럽지 않다.
마음 작음이 부끄럽다.

돈 없음이 부끄럽지 않다.
마음 없음을 알지 못함이 부끄럽다.

지식 적음이 부끄럽지 않다.
마음 적은 것을 모르는 게 부끄럽다.

지위 낮음이 부끄럽지 않다.

마음 낮지 못함이 부끄럽다.

몸에 때 있음이 부끄럽지 않다.
마음에 때 있음이 부끄럽다.

하루에 한 번쯤 하던 일 접어두고
잠시라도 스스로 마음 살펴보아라.

—석성우 스님, 〈마음의 향기〉

나를
격려해주고 싶을 때

하루를 마치고 잠자리에 누울 때

저는 또 다른 나와 함께 눕습니다.

오늘도 열심히 수고한 또 다른 나.

나는 어김없이 세상 속에서 부대끼며

힘겨운 하루를 보냈습니다.

그런 나를 마주 보고 누워서 위로합니다.

'지오야, 너 참 수고했어. 힘들었지?

오늘 열심히 살았어. 그만하면 됐어!'

제가 제 어깨를 토닥여줍니다.

그리고 주문처럼 외웁니다.

'난 참 행복한 사람입니다.

난 참 아름답고 가치 있는 사람입니다.

이렇게 자유롭게 숨 쉬고 사유할 수 있음에 감사합니다.

나는 온전하고, 완전하고, 튼튼하고, 강합니다.

그리고 정다울 뿐 아니라 조화롭고 행복합니다.'

이렇게 주문을 외우면서 입가에 미소를 지어봅니다.

살다가 힘이 든다고 생각될 때

길을 걷다가 힘이 든다고 생각될 때

운전하다가도 힘이 든다고 생각될 때

사람들에게 치이고, 나 자신이 실망스러울 때

이유 없이 지치고 힘들 때 주문처럼 외웁니다.

'난 참 행복한 사람입니다.'

'난 참 아름답고 가치 있는 사람입니다.'

이렇게 주문을 외는 것만으로도

입꼬리가 올라가며 미소가 지어집니다.

내가 나를 위로하고 사랑하면
남들의 평가에서 벗어날 수 있습니다.

이 세상 75억 인구 중에
오직 하나뿐인 귀하고 귀한 나.
오늘도 나를 위로하고 격려합니다.

미운 사람도
끌어안아야 할 때

지금 마음에 안 드는 사람이 있나요?

미워서 꼴도 보기 싫은 사람이 있나요?

혹시 가족 중에도 그런 사람이 있나요?

안 그러려고 하는데도 그 사람만 보면,

왠지 화가 나고 짜증이 납니다.

그러는 자신에게도 화가 납니다.

남을 미워한다는 것은 나도 괴롭게 합니다.

그래서 그 마음을 다스려보려고 합니다.

자! 자세를 편안하게 하고

눈을 감은 뒤 호흡에 집중해봅니다.

들숨과 날숨에 이름을 붙이고

들숨과 날숨의 차이를 느껴보세요.

들숨이 더 긴지

날숨이 더 긴지 알아차립니다.

자! 이번에는

마음에 안 드는 사람을 떠올려보세요.

그 사람의 모습을 눈앞에 그려봅니다.

어떤 기분인가요?

오 년 후, 그 사람과 나의 모습을 그려봅니다.

어떤 모습인가요?

십 년 후, 그 사람과 나의 모습을 그려봅니다.

어떤 모습인가요?

삼십 년 후, 그 사람과 나는 몇 살인가요?

내 모습은 어떻게 변했나요?

그 사람은 어떻게 변했나요?

오십 년 후, 그 사람과 나의 모습을 그려봅니다.

그 사람과 나는 살아있나요?

살아있다면 어떤 모습인가요?

백 년 후, 그 사람과 나의 모습을 그려봅니다.

그 사람과 나는 지금 어디에 있나요?

삼백 년 후, 그 사람과 나의 모습을 그려봅니다.

지구의 작은 먼지로 흩어져 있을 당신과 나!

언젠가 이 세상에 없을 당신과 나,

그래서 지금 내 곁에 있는 당신을 사랑합니다.

지구로부터 약 60억 킬로미터 떨어진 곳에서

우주 탐사선 보이저1호가

지구를 찍은 사진 한 장을 보내왔습니다.

사진 속 지구는 그야말로

광활한 우주 속에서 희미하고 창백한

'먼지 한 톨' 같은 작은 점이었습니다.

'창백한 푸른 점Pale Blue Dot.'

우리가 전부라고 믿는 이 세계는

우주를 떠도는 작은 점에 불과합니다.

바로 그 작은 점 위에 우리가 살고 있습니다.

마음을 지켜보면
마음이 늘 변한다는 것을 알게 됩니다.
마음은 나의 소유가 아니지만
나는 마음의 '책임자'이자 '관리자'입니다.

삶(부분), 41.5×65.5cm, 자작나무껍질·물매화, 2005

내 어릴 적
아버지는

내 어릴 적 아버지는

유난히 배앓이가 잦은 저를

항상 업고 병원에 다니셨습니다.

명절이면 곱게 머리를 빗겨주시고,

예쁘게 단장해주시던 아버지를 기억합니다.

초등학교 입학식 때 제 윗옷에

곱게 접은 하얀 손수건을 꽂아주시고,

어머니가 계시는데도 제 손을 꼭 잡고

입학식에 데려가신 아버지.

중학교 입학시험 합격자 발표 날
새벽까지 뜬눈으로 기다리다
라디오에서 흘러나오는
합격 발표를 듣고 기뻐 우시던 아버지.

한때는 거의 매일 술로 사셨던 아버지.
그래서 제가 몹시도 미워했던 아버지.

아버지.
저는 이제야
아버지가 그렇게 술로 사셨던 것이,
술을 드시면 우리를 힘들게 하셨던 것이
우리를 미워해서가 아니라
당신의 무력감에서 오는
분노와 절망이었다는 것을 알았습니다.

아버지는 예순 살 되던 해에 간암으로 돌아가셨고
이제야 저는 '아버지가 나 때문에 일찍 돌아가셨구나'

하는 생각이 들었습니다.

아버지가 제게 준 고통이 하나였다면

제가 아버지에게 드린 고통은 열이었습니다.

아버지에 대한 미움이 서서히 걷히기 시작하자

아버지가 저를 사랑하셨던

어릴 적 기억들이 잔인하게도

새록새록 올라오기 시작했습니다.

이제야,

이렇게 나이 들어서야 깨닫게 되다니….

정말 죄송합니다.

아버지!

그리운 아버지.

오늘은 아버지가 몹시 그립습니다.

누군가 당신을 아프게 하나요?

빈 의자를 가져다 놓고,

그분의 자리에 앉아서 그분을 느껴보세요.

머리가 아닌 가슴으로 느껴보세요.

그분의 어린 시절을 느껴보고

소년, 소녀였던 시절을 느껴보고

성인이 된 지금의 모습을 느껴보세요.

그분이 놓인 처지에서 그분을 느껴보세요.

그분은 지금 어떤 생각을 하고 있나요?

일이 마음대로 되지 않아서 좌절하고 있나요?

친구와 가족들이 나를 무시한다고 생각하나요?

어린 시절 너무 가난했기 때문에 상처받았나요?

우리는 모두 자기중심적인 생각에 사로잡혀 있습니다.

내 고통이 너무 커서 가족조차 잘 보이지 않습니다.

하지만 그분의 자리에서 느껴보면,

그분도 죽을 만큼 힘들어하고

또 최선을 다하고 있다는 것을 알게 됩니다.

그분의 언어로 나에게 말해보세요.

그때 나에게 왜 그랬는지를….

그분의 이야기를 충분히 듣다 보면

내 안에 맺힌 응어리가 풀릴 거예요.

그다음 상처받은 나에게 미안하다고 말해주세요.

충분히, 상세히, 많이.

그렇게 그분과 화해하세요.

그럼으로써 당신이 평화로워질 수 있습니다.

당신이 평안하길 기원합니다.